Johann Gottfried Herder

Abhandlung über den Ursprung der Sprache

Johann Gottfried Herder: Abhandlung über den Ursprung der Sprache

Entstanden 1770. Erstdruck: Berlin 1772.

Neuausgabe mit einer Biographie des Autors
Herausgegeben von Karl-Maria Guth
Berlin 2017

Der Text dieser Ausgabe folgt:
Sturm und Drang. Weltanschauliche und ästhetische Schriften.
Herausgegeben von Peter Müller, Band 1-2, Berlin und Weimar: Aufbau, 1978.

Die Paginierung obiger Ausgabe wird hier als Marginalie zeilengenau mitgeführt.

Umschlaggestaltung von Thomas Schultz-Overhage unter Verwendung des Bildes: Johann Gottfried Herder (Gemälde von Anton Graff, 1785)

Gesetzt aus der Minion Pro, 11 pt

Verlag: Henricus - Edition Deutsche Klassik GmbH
Mörchinger Str. 33, 14169 Berlin, info@henricus-verlag.de
Druck: Libri Plureos GmbH, Friedensallee 273, 22763 Hamburg

Die Ausgaben der Sammlung Hofenberg basieren auf zuverlässigen Textgrundlagen. Die Seitenkonkordanz zu anerkannten Studienausgaben machen Hofenbergtexte auch in wissenschaftlichem Zusammenhang zitierfähig.

ISBN 978-3-7437-0740-5

Bibliografische Information der Deutschen Nationalbibliothek

Die Deutsche Nationalbibliothek verzeichnet diese Publikation in der Deutschen Nationalbibliografie; detaillierte bibliografische Daten sind im Internet über www.dnb.de abrufbar.

Johann Gottfried Herder

Abhandlung über den Ursprung der Sprache,

welche den von der

Königl. Akademie der Wissenschaften

für das Jahr 1770 gesetzten Preis

erhalten hat

Vocabula sunt notae rerum.

Cic.

Erster Teil

Haben die Menschen, ihren Naturfähigkeiten überlassen, sich selbst Sprache erfinden können?

Erster Abschnitt

Schon als Tier hat der Mensch Sprache. Alle heftigen, und die heftigsten unter den heftigen, die schmerzhaften Empfindungen seines Körpers, alle starke Leidenschaften seiner Seele äußern sich unmittelbar in Geschrei, in Töne, in wilde, unartikulierte Laute. Ein leidendes Tier sowohl als der Held Philoktet, wenn es der Schmerz anfället, wird wimmern! wird ächzen! und wäre es gleich verlassen, auf einer wüsten Insel, ohne Anblick, Spur und Hoffnung eines hülfreichen Nebengeschöpfes. Es ist, als ob's freier atmete, indem es dem brennenden, geängstigten Hauche Luft gibt: es ist, als ob's einen Teil seines Schmerzes verseufzte und aus dem leeren Luftraum wenigstens neue Kräfte zum Verschmerzen in sich zöge, indem es die tauben Winde mit Ächzen füllet. So wenig hat uns die Natur als abgesonderte Steinfelsen, als egoistische Monaden geschaffen! Selbst die feinsten Saiten des tierischen Gefühls (ich muß mich dieses Gleichnisses bedienen, weil ich für die Mechanik fühlender Körper kein besseres weiß!), selbst die Saiten, deren Klang und Anstrengung gar nicht von Willkür und langsamen Bedacht herrühret, ja deren Natur noch von aller forschenden Vernunft nicht hat erforscht werden können, selbst die sind in ihrem ganzen Spiele, auch ohne das Bewußtsein fremder Sympathie, zu einer Äußerung auf andre Geschöpfe gerichtet. Die geschlagne Saite tut ihre Naturpflicht: sie klingt! Sie ruft einer gleichfühlenden Echo; selbst wenn keine da ist, selbst wenn sie nicht hoffet und wartet, daß ihr eine antworte.

Sollte die Physiologie je so weit kommen, daß sie die Seelenlehre demonstrierte, woran ich aber sehr zweifle, so würde sie dieser Erscheinung manchen Lichtstrahl aus der Zergliederung des Nervenbaues zuführen; sie vielleicht aber auch in einzelne, zu kleine und stumpfe Bande verteilen. Lasset sie uns jetzt im Ganzen, als ein helles Naturgesetz annehmen: »*Hier ist ein empfindsames Wesen, das keine seiner lebhaften*

Empfindungen in sich einschließen kann; das im ersten überraschenden Augenblick, selbst ohne Willkür und Absicht jede laut äußern muß.« Das war gleichsam der letzte, mütterliche Druck der bildenden Hand der Natur, daß sie allen das Gesetz auf die Welt mitgab: »Empfinde nicht für dich allein: sondern dein Gefühl töne!«, und da dieser letzte schaffende Druck auf alle von *einer* Gattung einartig war: so wurde dies Gesetz Segen: »deine Empfindung töne deinem Geschlecht einartig und werde also von allen, wie von *einem*, mitfühlend vernommen!« Nun rühre man es nicht an, dies schwache, empfindsame Wesen! so allein und einzeln und jedem feindlichen Sturme des Weltalls es ausgesetzt scheinet, so ist's nicht allein: es steht mit der ganzen Natur im Bunde! Zartbesaitet; aber die Natur hat in diese Saiten Töne verborgen, die, gereizt und ermuntert, wieder andre gleichzart gebaute Geschöpfe wecken und wie durch eine unsichtbare Kette einem entfernten Herzen Funken mitteilen können, für dies ungesehene Geschöpf zu fühlen. – *Diese Seufzer, diese Töne sind Sprache: es gibt also eine Sprache der Empfindung, die unmittelbares Naturgesetz ist.*

Daß der Mensch sie ursprünglich mit den Tieren gemein habe, bezeugen jetzt freilich mehr gewisse Reste als volle Ausbrüche; allein auch diese Reste sind unwidersprechlich. Unsre künstliche Sprache mag die Sprache der Natur so verdränget, unsre bürgerliche Lebensart und gesellschaftliche Artigkeit mag die Flut und das Meer der Leidenschaften so gedämmet, ausgetrocknet und abgeleitet haben, als man will; der heftigste Augenblick der Empfindung, wo und wie selten er sich finde, nimmt noch immer sein Recht wieder und tönt in seiner mütterlichen Sprache unmittelbar durch Akzente. Der auffahrende Sturm einer Leidenschaft; der plötzliche Überfall von Freude oder Frohheit; Schmerz und Jammer, wenn sie tiefe Furchen in die Seele graben; ein übermannendes Gefühl von Rache, Verzweiflung, Wut, Schrecken, Grausen usw., alle kündigen sich an, und jede nach ihrer Art verschieden an. So viel Gattungen von Fühlbarkeit in unsrer Natur schlummern, so viel auch Tonarten – – Ich merke also an, daß je weniger die menschliche Natur mit einer Tierart verwandt; je ungleichartiger sie mit ihr am Nervenbaue ist: desto weniger ist ihre Natursprache uns verständlich. Wir verstehen, als Erdentiere, das Erdentier besser als das Wassergeschöpf, und auf der Erde das Herdetier besser als das Waldgeschöpf; und unter den Herdetieren die am meisten, die uns am nächsten kommen. Nur daß freilich auch bei diesen Umgang und Gewohnheit mehr oder weniger tut. Es ist natürlich, daß der Araber, der mit seinem Pferde nur *ein* Stück ausmacht, es mehr versteht als der, der zum erstenmal ein Pferd beschreitet; fast so gut, als Hektor in der Iliade mit den seinigen sprechen konnte. Der Araber in der Wüste, der nichts Lebendiges um sich hat als sein Kamel und etwa den Flug umirrender Vögel, kann leichter jenes Natur verstehen und das Geschrei dieser zu verstehen glauben als wir in unsern Behausungen. Der Sohn des Waldes, der Jäger, versteht die Stimme des Hirsches, und der Lappländer seines Rentiers – – doch alles das folgt oder ist Ausnahme. Eigentlich ist diese Sprache der Natur eine Völkersprache für jede Gattung unter sich, und so hat auch der Mensch die seinige –

Nun sind freilich diese Töne sehr einfach, und wenn sie artikuliert und als Interjektionen aufs Papier hinbuchstabiert werden, so haben die entgegengesetztesten Empfindungen fast *einen* Ausdruck. Das matte Ach! ist sowohl Laut der zerschmelzenden Liebe als der sinkenden Verzweiflung; das feurige Oh! sowohl Ausbruch der plötzlichen Freude als der auffahrenden Wut; der steigenden Bewunderung als des zuwallenden Bejammerns; allein, sind denn diese Laute da, um als Interjektionen aufs Papier gemalt zu werden? Die Träne, die in diesem trüben, erloschnen, nach Trost schmachtenden Auge schwimmt – wie rührend ist sie im ganzen Gemälde des Antlitzes der Wehmut; nehmet sie allein, und sie ist ein kalter Wassertropfe! bringet sie unters Mikroskop, und – ich will nicht wissen, was sie da sein mag! Dieser ermattende Hauch, der halbe Seufzer, der auf der vom Schmerz verzognen Lippe so rührend stirbt – sondert ihn ab von allen seinen lebendigen Gehülfen, und er ist ein leerer Luftstoß. Kann's mit den Tönen der Empfindung anders sein? In ihrem lebendigen Zusammenhange, im ganzen Bilde der würkenden Natur, begleitet von so vielen andern Erscheinungen, sind sie rührend und gnugsam; aber von allen getrennet, herausgerissen, ihres Lebens beraubet, freilich nichts als Ziffern. Die Stimme der Natur ist gemalter, verwillkürter Buchstabe. – – *Wenig, sind dieser Sprachtöne freilich,* allein die empfindsame Natur, sofern sie bloß mechanisch leidet, hat auch weniger Hauptarten der Empfindung, als unsre Psychologien der Seele, als Leidenschaften, anzählen oder andichten. Nur, jedes Gefühl ist in solchem Zustande, je weniger in Fäden zerteilt, ein um so mächtiger anziehendes Band: die Töne reden nicht viel, aber stark. Ob der

Klageton über Wunden der Seele oder des Körpers wimmere, ob dieses Geschrei von Furcht oder Schmerz ausgepreßt werde, ob dies weiche Ach sich mit einem Kuß oder einer Träne an den Busen der Geliebten drücke, alle solche Unterschiede zu bestimmen, war diese Sprache nicht da. Sie sollte zum Gemälde hinrufen; dies Gemälde wird schon vor sich selbst reden! sie sollte tönen, nicht aber schildern! – Überhaupt grenzen nach jener Fabel des Sokrates Schmerz und Wollust: die Natur hat in der Empfindung ihre Enden zusammengeknüpft, und was kann also die Sprache der Empfindung anders, als solche Berührungspunkte zeigen? – – – Jetzt darf ich anwenden.

In allen Sprachen des Ursprungs tönen noch Reste dieser Naturtöne; nur freilich sind sie nicht die Hauptfäden der menschlichen Sprache. Sie sind nicht die eigentlichen Wurzeln, aber die Säfte, die die Wurzeln der Sprache beleben.

In einer feinen, späterfundnen metaphysischen Sprache, die von der ursprünglichen wilden Mutter des menschlichen Geschlechts eine Abart vielleicht im vierten Gliede, und nach langen Jahrtausenden der Abartung selbst wieder Jahrhunderte ihres Lebens hindurch verfeinert, zivilisiert und humanisiert worden: eine solche Sprache, das Kind der Vernunft und Gesellschaft, kann wenig oder nichts mehr von der Kindheit ihrer ersten Mutter wissen; allein die alten, die wilden Sprachen, je näher zum Ursprunge, enthalten davon desto mehr. Ich kann hier noch nicht von der geringsten menschlichen Bildung der Sprache reden, sondern nur rohe Materialien betrachten. Noch existiert für mich kein Wort, sondern nur Töne zum Wort einer Empfindung; aber sehet! in den genannten Sprachen, in ihren Interjektionen, in den Wurzeln ihrer Nominum und Verborum wie viel aufgefangene Reste dieser Töne! Die ältesten morgenländischen Sprachen sind voll von Ausrufen, für die wir spätergebildeten Völker oft nichts als Lücken oder stumpfen, tauben Mißverstand haben. In ihren Elegien tönen, wie bei den Wilden auf ihren Gräbern, jene Heul- und Klagetöne, eine fortgehende Interjektion der Natursprache; in ihren Lobpsalmen das Freudengeschrei und die wiederkommenden Hallelujahs, die *Shaw* aus dem Munde der Klageweiber erkläret und die bei uns so oft feierlicher Unsinn sind. Im Gang, im Schwünge ihrer Gedichte und der Gesänge andrer alten Völker tönet der Ton, der noch die Krieges- und Religionstänze, die Trauer- und Freudengesänge aller Wilden belebet, sie mögen am Fuße der

Cordilleras oder im Schnee der Irokoesen, in Brasilien oder auf den Karaiben wohnen. Die Wurzeln ihrer einfachsten, würksamsten, frühesten Verben endlich sind jene ersten Ausrufe der Natur, die erst später gemodelt wurden, und die Sprachen aller alten und wilden Völker sind daher in diesem innern, lebendigen Tone für Fremde ewig unaussprechlich!

Ich kann die meisten dieser Phänomene im Zusammenhange erst später erklären; hier stehe nur eins. Einer der Verteidiger des göttlichen Ursprunges der Sprache[1] findet darin göttliche Ordnung zu bewundern, daß sich die Laute aller uns bekannten Sprachen auf etliche zwanzig Buchstaben bringen lassen. Allein das Faktum ist falsch und der Schluß noch unrichtiger. Keine einzige lebendigtönende Sprache läßt sich vollständig in Buchstaben bringen, und noch weniger in zwanzig Buchstaben: dies zeugen alle Sprachen sämtlich und sonders. Die Artikulationen unsrer Sprachwerkzeuge sind so viel, ein jeder Laut wird auf so mannigfaltige Weise ausgesprochen, daß z. E. Herr *Lambert* im zweiten Teil seines »*Organon*« mit Recht hat zeigen können, wie weit weniger wir Buchstaben als Laute haben und wie unbestimmt also diese von jenen ausgedrückt werden können. Und das ist doch nur aus der deutschen Sprache gezeigt, die die Vieltönigkeit und den Unterschied ihrer Dialekte noch nicht einmal in eine Schriftsprache aufgenommen hat: viel weniger, wo die ganze Sprache nichts als solch ein lebendiger Dialekt ist? Woher rühren alle Eigenheiten und Sonderbarkeiten der Orthographie als wegen der Unbehülflichkeit zu schreiben, wie man spricht? welche lebendige Sprache läßt sich ihren Tönen nach aus Bücherbuchstaben lernen? und welche tote Sprache daher aufwecken? Je lebendiger nun eine Sprache ist, je weniger man daran gedacht hat, sie in Buchstaben zu fassen, je ursprünglicher sie zum vollen, unausgesonderten Laute der Natur hinaufsteigt, desto minder ist sie auch schreibbar, desto minder mit zwanzig Buchstaben schreibbar; ja oft für Fremdlinge ganz unaussprechlich. Der P. *Rasles*, der sich zehn Jahr unter den *Abenakiern* in Nordamerika aufgehalten, klagt hierüber so sehr, daß er mit aller Aufmerksamkeit doch oft nur die Hälfte des Worts wiederholet und sich lächerlich gemacht – wie weit lächerlicher hätte er solchen Ausdruck mit seinen französischen Buchstaben beziffert?

---

1 Süßmilchs »Beweis, daß der Ursprung der menschlichen Sprache göttlich sei«, Berlin 1766, S. 21.

Der *P. Chaumont*, der 50 Jahr unter den Huronen zugebracht und sich an eine Grammatik ihrer Sprache gewagt, klagt demohngeachtet über ihre Kehlbuchstaben und ihre unaussprechlichen Akzente: »oft hätten zwei Wörter, die ganz aus einerlei Buchstaben bestünden, die verschiedensten Bedeutungen«. *Garcilaso di Vega* beklagt sich über die Spanier, wie sehr sie die peruanische Sprache im Laute der Wörter verstellet, verstümmelt, verfälscht und aus bloßen Verfälschungen den Peruanern das schlimmste Zeug angedichtet. *De la Condamine* sagt von einer kleinen Nation am Amazonenfluß: »ein Teil von ihren Wörtern könnte nicht, auch nicht einmal sehr unvollständig geschrieben werden. Man müßte wenigstens neun oder zehn Silben dazu gebrauchen, wo sie in der Aussprache kaum drei auszusprechen scheinen.« *La Loubère* von der siamschen Sprache: »unter zehn Wörtern, die der Europäer ausspricht, versteht ein geborner Siamer vielleicht kein einziges: man mag sich Mühe geben, soviel man will, ihre Sprache mit unsern Buchstaben auszudrücken«. Und was brauchen wir Völker aus so entlegnen Enden der Erde? Unser kleine Rest von Wilden in Europa, *Estländer* und *Lappen* usw. haben oft ebenso halbartikulierte und unschreibbare Schälle als Huronen und Peruaner. *Russen* und *Polen*, so lange ihre Sprachen geschrieben und schriftgebildet sind, aspirieren noch immer so, daß der wahre Ton ihrer Organisation nicht durch Buchstaben gemalt werden kann. Der Engländer, wie quälet er sich, seine Töne zu schreiben, und wie wenig ist der noch, der geschriebnes Englisch versteht, ein sprechender Engländer? Der Franzose, der weniger aus der Kehle hinaufholet, und der Halbgrieche, der Italiener, der gleichsam in einer höhern Gegend des Mundes, in einem feinem Äther spricht, behält immer noch lebendigen Ton. Seine Laute müssen innerhalb der Organe bleiben, wo sie gebildet worden: als gemalte Buchstaben sind sie, so bequem und einartig sie der lange Schriftgebrauch gemacht habe, immer nur Schatten!

Das Faktum ist also falsch und der Schluß noch falscher: er kommt nicht auf einen göttlichen, sondern gerad umgekehrt auf einen tierischen Ursprung. Nehmet die sogenannte göttliche, erste Sprache, die hebräische, von der der größte Teil der Welt die Buchstaben geerbet: daß sie in ihrem Anfange so lebendig-tönend, so unschreibbar gewesen, daß sie nur sehr unvollkommen geschrieben werden konnte, dies zeigt offenbar der ganze Bau ihrer Grammatik, ihre so vielfachen Verwechselungen ähnlicher Buchstaben, ja am allermeisten der völlige Mangel ihrer Vokale. Woher kommt die Sonderbarkeit, daß ihre Buchstaben nur Mitlauter sind und daß eben die Elemente der Worte, auf die alles ankommt, die Selbstlauter, ursprünglich gar nicht geschrieben wurden? Diese Schreibart ist dem Lauf der gesunden Vernunft so entgegen, daß Unwesentliche zu schreiben und das Wesentliche auszulassen, daß sie den Grammatikern unbegreiflich sein müßte, wenn Grammatiker zu begreifen gewohnt wären. Bei uns sind die Vokale das Erste und Lebendigste und die Türangeln der Sprache; bei jenen werden sie nicht geschrieben – warum? – weil sie nicht geschrieben werden konnten. Ihre Aussprache war so lebendig und feinorganisiert, ihr Hauch war so geistig und ätherisch, daß er verduftete und sich nicht in Buchstaben fassen ließ. Nur erst bei den Griechen wurden diese lebendige Aspirationen in förmliche Vokale aufgefädelt, denen doch noch Spiritus usw. zu Hülfe kommen mußten; da bei den Morgenländern die Rede gleichsam ganz Spiritus, fortgehender Hauch und Geist des Mundes war, wie sie sie auch so oft in ihren malenden Gedichten benennen. Es war Othem Gottes, wehende Luft, die das Ohr aufhaschete, und die toten Buchstaben, die sie hinmalten, waren nur der Leichnam, der lesend mit Lebensgeist beseelet werden mußte. Was das für einen gewaltigen Einfluß auf das Verständnis ihrer Sprache hat, ist hier nicht der Ort zu sagen; daß dies Wehende aber den Ursprung ihrer Sprache verrate, ist offenbar. Was ist unschreibbarer als die unartikulierten Töne der Natur? und wenn die Sprache, je näher ihrem Ursprunge, desto unartikulierter ist – was folgt, als daß sie wohl nicht von einem höhern Wesen für die vierundzwanzig Buchstaben und diese Buchstaben gleich mit der Sprache erfunden, daß diese ein weit späterer, nur unvollkommener Versuch gewesen, sich einige Merkstäbe der Erinnerung zu setzen, und daß jene nicht aus Buchstaben der Grammatik Gottes, sondern aus wilden Tönen freier Organe entstanden sei[2]. Es wäre doch sonst artig, daß eben die Buchstaben, aus denen und für die Gott die Sprache erfunden, mit Hülfe derer er den ersten Menschen die Sprache beigebracht, eben die allerunvollkommensten in der Welt wären, die gar nichts vom Geist

---

2   Die beste Schrift für diese noch zum Teil unausgearbeitete Materie ist Wachteri »Naturae et scripturae concordia«, Hafn. 1752, die sich von den Kircherschen und soviel andern Träumen wie Altertumsgeschichte von Märchen unterscheidet.

der Sprache sagten und in ihrer ganzen Bauart offenbar bekennen, daß sie nichts davon sagen wollen.

Es verdiente diese Buchstabenhypothese freilich ihrer Würde nach nur *einen* Wink; aber ihrer Allgemeinheit und mannigfaltigen Beschönigung wegen mußte ich ihren Ungrund entblößen und in ihm sie zugleich erklären, wie mir wenigstens keine Erklärung bekannt ist. Zurück auf unsre Bahn:

Da unsre Töne der Natur zum Ausdrucke der Leidenschaft bestimmt sind: so ist's natürlich, daß sie auch die Elemente aller Rührung werden! Wer ist's, dem bei einem zuckenden, wimmernden Gequälten, bei einem ächzenden Sterbenden, auch selbst bei einem stöhnenden Vieh, wenn seine ganze Maschine leidet, dies Ach nicht zu Herzen dringe? wer ist der fühllose Barbar? Je harmonischer das empfindsame Saitenspiel selbst bei Tieren mit andern Tieren gewebt ist: desto mehr fühlen selbst diese miteinander; ihre Nerven kommen in eine gleichmäßige Spannung, ihre Seele in einen gleichmäßigen Ton, sie leiden würklich mechanisch mit. Und welche Stählung seiner Fibern! welche Macht, alle Öffnungen seiner Empfindsamkeit zu verstopfen, gehört dazu, daß ein Mensch hiegegen taub und hart werde! – – *Diderot*[3] meint, daß ein Blindgeborner gegen die Klagen eines leidenden Tiers unempfindlicher sein müßte als ein Sehender; allein ich glaube, unter gewissen Fällen das Gegenteil. Freilich ist ihm das ganze rührende Schauspiel dieses elenden, zuckenden Geschöpfs verhüllet; allein alle Beispiele sagen, daß eben durch diese Verhüllung das Gehör weniger zerstreut, horchender und mächtig eindringender werde. Da lauschet er also im Finstern, in der Stille seiner ewigen Nacht, und jeder Klageton geht ihm, um so inniger und schärfer, wie ein Pfeil zum Herzen! Nun nehme er noch das tastende, langsamumspannende Gefühl zu Hülfe, taste die Zuckungen, erfühle den Bruch der leidenden Maschine sich ganz – Grausen und Schmerz fährt durch seine Glieder: sein innrer Nervenbau fühlt Bruch und Zerstörung mit: der Todeston tönet. Das ist *das Band dieser Natursprache*!

Überall sind die Europäer, trotz ihrer Bildung und Mißbildung! von den rohen Klagetönen der Wilden heftig gerührt worden. *Lery* erzählt aus Brasilien, wie sehr seine Leute von dem herzlichen, unförmlichen Geschrei der Liebe und Leutseligkeit dieser Amerikaner bis zu Tränen

---

3   »Lettre sur les aveugles à l'usage de ceux qui voyent« etc.

sein erweicht worden. *Charlevoix* und andre wissen nicht gnug den grausenden Eindruck auszudrücken, den die Krieges- und Zauberlieder der Nordamerikaner machen. Wenn wir später Gelegenheit haben werden zu bemerken, wie sehr die alte Poesie und Musik von diesen Naturtönen sei belebet worden: so werden wir auch die Würkung philosophischer erklären können, die z. E. der älteste griechische Gesang und Tanz, die alte griechische Bühne und überhaupt Musik, Tanz und Poesie noch auf alle Wilde machen. Und auch selbst bei uns, wo freilich die Vernunft oft die Empfindung und die künstliche Sprache der Gesellschaft die Töne der Natur aus ihrem Amt setzet, kommen nicht noch oft die höchsten Donner der Beredsamkeit, die mächtigsten Schläge der Dichtkunst und die Zaubermomente der Aktion dieser Sprache der Natur durch Nachahmung nahe? Was ist's, was dort im versammleten Volke Wunder tut, Herzen durchbohrt und Seelen umwälzet? Geistige Rede und Metaphysik? Gleichnisse und Figuren? Kunst und kalte Überzeugung? Sofern der Taumel nicht blind sein soll, muß vieles durch sie geschehen, aber alles? Und eben dies höchste Moment des blinden Taumels, wodurch wurde das? – Durch ganz eine andre Kraft! Diese Töne, diese Gebärden, jene einfachen Gänge der Melodie, diese plötzliche Wendung, diese dämmernde Stimme – was weiß ich mehr? Bei Kindern und dem Volk der Sinne, bei Weibern, bei Leuten von zartem Gefühl, bei Kranken, Einsamen, Betrübten würken sie tausendmal mehr, als die Wahrheit selbst würken würde, wenn ihre leise, feine Stimme vom Himmel tönte. Diese Worte, dieser Ton, die Wendung dieser grausenden Romanze usw. drangen in unsrer Kindheit, da wir sie das erstemal hörten, ich weiß nicht mit welchem Heere von Nebenbegriffen des Schauders, der Feier, des Schreckens, der Furcht, der Freude, in unsre Seele. Das Wort tönet, und wie eine Schar von Geistern stehen sie alle mit einmal in ihrer dunkeln Majestät aus dem Grabe der Seele auf: sie verdunkeln den reinen, hellen Begriff des Worts, der nur ohne sie gefaßt werden konnte. Das Wort ist weg, und der Ton der Empfindung tönet. Dunkles Gefühl übermannet uns: der Leichtsinnige grauset und zittert – nicht über Gedanken, sondern über Silben, über Töne der Kindheit, und es war Zauberkraft des Redners, des Dichters, uns wieder zum Kinde zu machen. Kein Bedacht, keine Überlegung, das bloße Naturgesetz lag zum Grunde: »*Ton der Empfindung soll das sympathetische Geschöpf in denselben Ton versetzen!*«

Wollen wir also diese unmittelbaren Laute der Empfindung Sprache nennen: so finde *ich ihren Ursprung allerdings sehr natürlich. Er ist nicht bloß nicht übermenschlich: sondern offenbar tierisch: das Naturgesetz einer empfindsamen Maschine.*

Aber ich kann nicht meine Verwunderung bergen, daß Philosophen, das ist Leute, die deutliche Begriffe suchen, je haben auf den Gedanken kommen können, *aus diesem Geschrei der Empfindungen den Ursprung menschlicher Sprache zu erklären:* denn ist diese nicht offenbar ganz etwas anders? Alle Tiere bis auf den stummen Fisch tönen ihre Empfindung; deswegen aber hat doch kein Tier, selbst nicht das vollkommenste, den geringsten, eigentlichen Anfang zu einer menschlichen Sprache. Man bilde und verfeinere und organisiere dies Geschrei, wie man wolle; wenn kein Verstand dazu kommt, diesen Ton mit Absicht zu brauchen: so sehe ich nicht, wie nach dem vorigen Naturgesetze je menschliche, willkürliche Sprache werde? Kinder sprechen Schälle der Empfindung wie die Tiere; ist aber die Sprache, die sie von Menschen lernen, nicht ganz eine andre Sprache?

Der Abt *Condillac*[4] ist in dieser Anzahl. Entweder er hat das ganze Ding Sprache schon vor der ersten Seite seines Buchs erfunden vorausgesetzt: oder ich finde auf jeder Seite Dinge, die sich gar nicht in der Ordnung einer bildenden Sprache zutragen konnten. Er setzt zum Grunde seiner Hypothese »zwei Kinder, in eine Wüste, ehe sie den Gebrauch irgendeines Zeichens kennen«. Warum er nun dies alles setze: »zwei Kinder«, die also umkommen oder Tiere werden müssen: »in eine Wüste«, wo sich die Schwürigkeit ihres Unterhalts und ihrer Erfindung noch vermehret: »vor dem Gebrauch jedes natürlichen Zeichens, und gar vor aller Kenntnis desselben«, ohne welche doch kein Säugling nach wenigen Wochen seiner Geburt ist – warum, sage ich, in eine Hypothese, die dem Naturgange menschlicher Kenntnisse nachspüren soll, solche unnatürliche, sich wiedersprechende Data zum Grunde gelegt werden müssen, mag ihr Verfasser wissen; daß aber auf sie keine Erklärung des Ursprungs der Sprache gebauet sei, getraue ich mich zu erweisen. Seine beiden Kinder kommen ohne Kenntnis jedes Zeichens zusammen, und – siehe da! im ersten Augenblicke (§ 2) sind sie schon im gegenseitigen Kommerz. Und doch bloß durch dies gegenseitige Kom-

---

4 »Essai sur l'origine des connoissances humanes«. Vol. II.

merz lernen sie erst, »mit dem Geschrei der Empfindungen die Gedanken zu verbinden, deren natürliche Zeichen jene sind«. Natürliche Zeichen der Empfindung durch das Kommerz lernen? lernen, was für Gedanken damit zu verbinden sind? und doch gleich im ersten Augenblick der Zusammenkunft, noch vor der Kenntnis dessen, was das dümmste Tier kennet, Kommerz haben, lernen können, was mit gewissen Zeichen für Gedanken zu verknüpfen sind? – davon begreife ich nichts. »Durch das Wiederkommen ähnlicher Umstände (§ 3) *gewöhnen* sie sich, mit den Schällen der Empfindungen und den verschiednen Zeichen des Körpers Gedanken zu verbinden. Schon bekommt ihr Gedächtnis Übung. Schon können sie über ihre Einbildung walten, und schon – sind sie so weit, das mit Reflexion zu tun, was sie vorher bloß durch Instinkt taten« (und doch, wie wir eben gesehen, vor ihrem Kommerz nicht zu tun wußten) – davon begreife ich nichts. »Der Gebrauch dieser Zeichen erweitert die Würkungen der Seele (§ 4), und diese vervollkommen die Zeichen: Geschrei der Empfindungen war's also (§ 5), was die Seelenkräfte entwickelt hat; Geschrei der Empfindungen, das ihnen die Gewohnheit gegeben, Ideen mit willkürlichen Zeichen zu verbinden (§ 6); Geschrei der Empfindungen, das ihnen zum Muster diente, sich eine neue Sprache zu machen, neue Schälle zu artikulieren, sich zu gewöhnen, die Sachen mit Namen zu bezeichnen« – ich wiederhole alle diese Wiederholungen, und begreife von ihnen nichts. Endlich, nachdem der Verfasser auf diesen kindischen Ursprung der Sprache die Prosodie, Deklamation, Musik, Tanz und Poesie der alten Sprachen gebauet und mitunter gute Anmerkungen vorgetragen, die aber zu unserm Zwecke nichts tun: so faßt er den Faden wieder an: »Um zu begreifen (§ 80), wie die Menschen unter sich über den Sinn der ersten Worte eins geworden, die sie brauchen wollten, ist gnug, wenn man bemerkt, daß sie sie in Umständen aussprachen, wo jeder verbunden war, sie mit den nämlichen Ideen zu verbinden usw.« Kurz, es entstanden Worte, weil Worte da waren, ehe sie da waren – mich dünkt, es lohnt nicht, den Faden unsres Erklärers weiter zu verfolgen, da er doch – an nichts geknüpft ist.

Condillac, weiß man, gab durch seine hohle Erklärung von Entstehung der Sprache Gelegenheit, daß Rousseau[5] in unserm Jahrhundert die

---

5 »Sur l'inégalité parmi les hommes« etc., Part. I.

Frage nach seiner Art in Schwung brachte, das ist, bezweifelte. Gegen Condillacs Erklärung Zweifel zu finden, war eben kein Rousseau nötig; nur aber deswegen sogleich alle menschliche Möglichkeit der Spracherfindung zu leugnen – dazu gehörte freilich etwas Rousseauscher Schwung oder Sprung, wie man's nennen will. Weil Condillac die Sache schlecht erklärt hatte; ob sie also auch gar nicht erklärt werden könne? Weil aus Schällen der Empfindung nimmermehr eine menschliche Sprache wird, folgt daraus, daß sie nirgend anderswoher hat werden können?

Daß es nur würklich dieser verdeckte Trugschluß sei, der Rousseau verführet, zeigt offenbar sein eigner Plan[6]: »wie, wenn doch allenfalls Sprache hätte menschlich entstehen sollen, wie sie hätte entstehen müssen?« Er fängt, wie sein Vorgänger, mit dem Geschrei der Natur an, aus dem die menschliche Sprache werde. Ich sehe nie, wie sie daraus geworden wäre, und wundre mich, daß der Scharfsinn eines Rousseau sie einen Augenblick daraus habe können werden lassen?

Maupertuis' kleine Schrift ist mir nicht bei Händen; wenn ich aber dem Auszuge eines Mannes[7] trauen darf, dessen nicht kleinstes Verdienst Treue und Genauigkeit war, so hat auch er den Ursprung der Sprache nicht gnug von diesen tierischen Lauten abgesondert und gehet also mit den Vorigen auf *einer* Straße.

Diodor endlich und *Vitruv*, die zudem den Menschenursprung der Sprache mehr geglaubt als hergeleitet, haben die Sache am offenbarsten verdorben, da sie die Menschen, erst Zeitenlang, als Tiere, mit Geschrei in Wäldern schweifen und sich nachher, weiß Gott, woher? und weiß Gott, wozu? Sprache erfinden lassen – –

Da nun die meisten Verfechter der menschlichen Sprachwerdung aus einem so unsichern Ort stritten, den andre, z. E. Süßmilch, mit so vielem Grunde bekämpften: so hat die Akademie diese Frage, die also noch ganz unbeantwortet ist und über die sich selbst einige ihrer gewesnen Mitglieder geteilt, einmal außer Streit wollen gesetzt sehen.

Und da dies große Thema so viel Aussichten in die Psychologie und Naturordnung des menschlichen Geschlechts, in die Philosophie der

---

6   Ebendaselbst.
7   Süßmilch, »Beweis für die Göttlichkeit« etc., Anhang 3, S. 110.

Sprachen und aller Kenntnisse, die mit. Sprache erfunden werden, verspricht – wer wollte sich nicht daran versuchen?

Und da die Menschen für uns die einzigen Sprachgeschöpfe sind, die wir kennen, und sich eben durch Sprache von allen Tieren unterscheiden: wo finge der Weg der Untersuchung sichrer an als bei Erfahrungen über den Unterschied der Tiere und Menschen? – Condillac und Rousseau mußten über den Sprachursprung irren, weil sie sich über diesen Unterschied so bekannt und verschieden irrten: da jener[8] die Tiere zu Menschen und dieser[9] die Menschen zu Tieren machte. Ich muß also etwas weit ausholen.

Daß der Mensch den Tieren an Stärke und Sicherheit des Instinkts weit nachstehe, ja daß er das, was wir bei so vielen Tiergattungen angeborne Kunstfähigkeiten und Kunsttriebe nennen, gar nicht habe, ist gesichert; nur so wie die Erklärung dieser Kunsttriebe bisher den meisten und noch zuletzt einem gründlichen Philosophen[10] Deutschlands mißglücket ist, so hat auch die wahre Ursach von der Entbehrung dieser Kunsttriebe in der menschlichen Natur noch nicht ins Licht gesetzt werden können. Mich dünkt, man hat *einen* Hauptgesichtspunkt verfehlt, aus dem man, wo nicht vollständige Erklärungen, so wenigstens Bemerkungen in der Natur der Tiere machen kann, die, wie ich für einen andern Ort hoffe, die menschliche Seelenlehre sehr aufklären können. Dieser Gesichtspunkt ist *die Sphäre der Tiere*.

Jedes Tier hat seinen Kreis, in den es von der Geburt an gehört, gleich eintritt, in dem es lebenslang bleibet, und stirbt: nun ist es aber sonderbar, daß *je schärfer die Sinne der Tiere und je wunderbarer ihre Kunstwerke sind, desto kleiner ist ihr Kreis: desto einartiger ist ihr Kunstwerk*. Ich habe diesem Verhältnisse nachgespüret, und ich finde überall eine wunderbar beobachtete umgekehrte Proportion zwischen der mindern Extension ihrer Bewegungen, Elemente, Nahrung, Erhaltung, Paarung, Erziehung, Gesellschaft und ihren Trieben und Künsten. Die Biene in ihrem Korbe bauet mit der Weisheit, die Egeria ihrem Numa nicht lehren konnte; aber außer diesen Zellen und außer ihrem

---

8 »Traité sur les animaux«.

9 »Sur l'origine de l'inégalité« etc.

10 »Reimarus über die Kunsttriebe der Tiere: S. Betrachtungen drüber in den Briefen, die neueste Litteratur betreffend« etc.

Bestimmungsgeschäft in diesen Zellen ist sie auch nichts. Die Spinne webet mit der Kunst der Minerve; aber alle ihre Kunst ist auch in diesen engen Spinnraum verwebet; das ist ihre Welt! Wie wundersam ist das Insekt, und wie enge der Kreis seiner Würkung!

Gegenteils. *Je vielfacher die Verrichtungen und Bestimmung der Tiere, je zerstreuter ihre Aufmerksamkeit auf mehrere Gegenstände, je unsteter ihre Lebensart, kurz je größer und vielfältiger ihre Sphäre ist: desto mehr sehen wir ihre Sinnlichkeit sich verteilen und schwächen.* Ich kann es mir hier nicht in Sinn nehmen, dies große Verhältnis, was die Kette der lebendigen Wesen durchläuft, mit Beispielen zu sichern; ich überlasse jedem die Probe, oder verweise auf eine andre Gelegenheit und schließe fort:

Nach aller Wahrscheinlichkeit und Analogie lassen sich also alle Kunsttriebe und Kunstfähigkeiten aus den Vorstellungskräften der Tiere erklären, ohne daß man blinde Determinationen annehmen darf (wie auch noch selbst *Reimarus* angenommen, und die alle Philosophie verwüsten). Wenn unendlich feine Sinne in einen kleinen Kreis, auf ein Einerlei eingeschlossen werden und die ganze andre Welt für sie nichts ist: wie müssen sie durchdringen! Wenn Vorstellungskräfte in einen kleinen Kreis eingeschlossen und mit einer analogen Sinnlichkeit begabt sind, was müssen sie würken! Und wenn endlich Sinne und Vorstellungen auf *einen* Punkt gerichtet sind, was kann anders als Instinkt daraus werden? Aus ihnen also erkläret sich *die Empfindsamkeit, die Fähigkeiten und Triebe der Tiere nach ihren Arten und Stufen.*

Und ich darf also den Satz annehmen: *Die Empfindsamkeit, Fähigkeiten und Kunsttriebe der Tiere nehmen an Stärke und Intensität zu im umgekehrten Verhältnisse der Große und Mannigfaltigkeit ihres Würkungskreises.* Nun aber –

Der Mensch hat keine so einförmige und enge Sphäre, wo nur *eine* Arbeit auf ihn warte: eine Welt von Geschäften und Bestimmungen liegt um ihn.

Seine Sinne und Organisation sind nicht auf eins geschärft: er hat Sinne für alles und natürlich also für jedes Einzelne schwächere und stumpfere Sinne.

Seine Seelenkräfte sind über die Welt verbreitet; keine Richtung seiner Vorstellungen auf ein Eins: mithin *kein Kunsttrieb, keine Kunstfertigkeit* – und, das eine gehört hier näher her, *keine Tiersprache.*

Was ist doch das, was wir, außer der vorher angeführten Lautbarkeit der empfindenden Maschine, bei einigen Gattungen *Tiersprache* nennen, anders als ein *Resultat der Anmerkungen, die ich zusammengereihet? ein dunkles sinnliches Einverständnis einer Tiergattung untereinander über ihre Bestimmung, im Kreise ihrer Würkung.*

Je kleiner also die Sphäre der Tiere ist: desto weniger haben sie Sprache nötig. Je schärfer ihre Sinne, je mehr ihre Vorstellungen auf eins gerichtet, je ziehender ihre Triebe sind, desto zusammengezogner ist das Einverständnis ihrer etwanigen Schälle, Zeichen, Äußerungen. Es ist lebendiger Mechanismus, herrschender Instinkt, der da spricht und vernimmt. Wie wenig darf er sprechen, daß er vernommen werde!

Tiere von dem engsten Bezirke sind also sogar gehörlos; sie sind für ihre Welt ganz Gefühl, oder Geruch, und Gesicht: ganz einförmiges Bild, einförmiger Zug, einförmiges Geschäfte; sie haben also wenig oder keine Sprache.

Je größer aber der Kreis der Tiere: je unterschiedner ihre Sinne – doch was soll ich wiederholen? mit dem Menschen ändert sich die Szene ganz. Was soll für seinen Würkungskreis, auch selbst im dürftigsten Zustande, die Sprache des redendsten, am vielfachsten tönenden Tiers? Was soll für seine zerstreuten Begierden, für seine geteilte Aufmerksamkeit, für seine stumpfer witternden Sinne auch selbst die dunkle Sprache aller Tiere? Sie ist für ihn weder reich noch deutlich: weder hinreichend an Gegenständen noch für seine Organe – also durchaus nicht *seine* Sprache: denn was heißt, wenn wir nicht mit Worten spielen wollen, die eigentümliche Sprache eines Geschöpfs, als die seiner Sphäre von Bedürfnissen und Arbeiten, der Organisation seiner Sinne, der Richtung seiner Vorstellungen und der Stärke seiner Begierden angemessen ist – und *welche Tiersprache ist so für den Menschen?*

Jedoch es bedarf auch die Frage nicht. *Welche Sprache (außer der vorigen mechanischen) hat der Mensch so instinktmäßig als jede Tiergattung die ihrige in und nach ihrer Sphäre?* – Die Antwort ist kurz: *keine!* und eben diese kurze Antwort entscheidet.

Bei jedem Tier ist, wie wir gesehen, seine Sprache eine Äußerung so starker sinnlicher Vorstellungen, daß diese zu Trieben werden: mithin ist Sprache, so wie Sinne und Vorstellungen und Triebe, angeboren und dem Tier *unmittelbar* natürlich. Die Biene sumset, wie sie sauget; der Vogel singt, wie er nistet – aber wie spricht der Mensch von Natur?

gar nicht, so wie er wenig oder nichts durch völligen Instinkt, als Tier *tut*. Ich nehme bei einem neugebornen Kinde das Geschrei seiner empfindsamen Maschine aus; sonst ist's stumm; es äußert weder Vorstellungen noch Triebe durch Töne, wie doch jedes Tier in seiner Art; bloß unter Tiere gestellet, ist's also das verwaisetste Kind der Natur. Nackt und bloß, schwach und dürftig, schüchtern und unbewaffnet, und was die Summe seines Elendes ausmacht, aller Leiterinnen des Lebens beraubt. Mit einer so zerstreueten, geschwächten Sinnlichkeit, mit so unbestimmten, schlafenden Fähigkeiten, mit so geteilten und ermatteten Trieben geboren, offenbar auf tausend Bedürfnisse verwiesen, zu einem großen Kreise bestimmt – und doch so verwaiset und verlassen, daß es selbst nicht mit einer Sprache begabt ist, seine Mängel zu äußern – Nein! ein solcher Widerspruch ist nicht die Haushaltung der Natur. Es müssen statt der Instinkte andre verborgne Kräfte in ihm schlafen! stumm geboren; aber –

Zweiter Abschnitt

Doch ich tue keinen Sprung. Ich gebe dem Menschen nicht gleich plötzlich neue Kräfte, keine sprachschaffende Fähigkeit, wie eine willkürliche qualitas occulta. Ich suche nur in den vorherbemerkten Lücken und Mängeln weiter.

Lücken und Mängel können doch nicht der Charakter seiner Gattung sein: oder die Natur war gegen ihn die härteste Stiefmutter, da sie gegen jedes Insekt die liebreichste Mutter war. Jedem Insekt gab sie, was und wieviel es brauchte: Sinne zu Vorstellungen, und Vorstellungen in Triebe gediegen; Organe zur Sprache, soviel es bedorfte, und Organe, diese Sprache zu verstehen. Bei dem Menschen ist alles in dem größten Mißverhältnis – Sinne und Bedürfnisse, Kräfte und Kreis der Würksamkeit, der auf ihn wartet, seine Organe und seine Sprache – Es muß uns also *ein gewisses Mittelglied fehlen, die so abstehende Glieder der Verhältnis zu berechnen*.

Fänden wir's: so wäre nach aller Analogie der Natur diese Schadloshaltung *seine Eigenheit, der Charakter seines Geschlechts*: und alle Vernunft und Billigkeit foderte, diesen Fund für das gelten zu lassen, was er ist, für Naturgabe, ihm so wesentlich als den Tieren der Instinkt.

Ja fänden wir eben in diesem Charakter die Ursache jener Mängel, und eben in der Mitte dieser Mängel, in der Höhle jener großen Entbehrung von Kunsttrieben den Keim zum Ersatze: so wäre diese Einstimmung ein genetischer Beweis, daß hier die wahre Richtung der Menschheit liege und daß *die Menschengattung über den Tieren nicht an Stufen des Mehr oder Weniger stehe, sondern an Art.*

Und *fänden wir in diesem neugefundnen Charakter der Menschheit sogar den notwendigen genetischen Grund zu Entstehung einer Sprache für diese neue Art Geschöpfe,* wie wir in den Instinkten der Tiere den unmittelbaren Grund zur Sprache für jede Gattung fanden: so sind wir ganz am Ziele. In dem Falle würde die Sprache dem Menschen so wesentlich, als – er ein Mensch ist. Man siehet, ich entwickle aus keinen willkürlichen oder gesellschaftlichen Kräften, sondern aus der allgemeinen tierischen Ökonomie.

Und nun folgt, daß wenn der Mensch *Sinne* hat, die für einen kleinen Fleck der Erde, für die Arbeit und den Genuß einer Weltspanne den Sinnen des Tiers, das in dieser Spanne lebt, *nachstehen an Schärfe:* so bekommen sie eben dadurch *Vorzug der Freiheit;* eben weil sie nicht für einen Punkt sind, so sind sie allgemeinere Sinne der Welt.

Wenn der Mensch Vorstellungskräfte hat, die nicht auf den Bau einer Honigzelle und eines Spinngewebes bezirkt sind und also auch den Kunstfähigkeiten der Tiere *in diesem Kreise nachstehen:* so bekommen sie eben damit weitere Aussicht. Er hat kein einziges Werk, bei dem er also auch unverbesserlich handle; aber er hat freien Raum, sich an vielem zu üben, mithin sich immer zu verbessern. Jeder Gedanke ist nicht ein unmittelbares Werk der Natur, aber eben damit kann's sein eigen Werk werden.

Wenn also hiermit der Instinkt wegfallen muß, der bloß aus der Organisation der Sinne und dem Bezirk der Vorstellungen folgte und keine blinde Determination war, so bekommt eben hiemit der Mensch *mehrere Helle.* Da er auf keinen Punkt blind fällt und blind liegenbleibt: so wird er freistehend, kann sich eine Sphäre der Bespiegelung suchen, kann sich in sich bespiegeln. Nicht mehr eine unfehlbare Maschine in den Händen der Natur, wird er sich selbst Zweck und Ziel der Bearbeitung.

Man nenne diese ganze Disposition seiner Kräfte, wie man wolle. *Verstand, Vernunft, Besinnung* usw. Wenn man diese Namen nicht für abgesonderte Kräfte oder für bloße Stufenerhöhungen der Tierkräfte annimmt: so gilt's mir gleich. Es ist die *ganze Einrichtung aller menschlichen Kräfte; die ganze Haushaltung seiner sinnlichen und erkennenden, seiner erkennenden und wollenden Natur*; oder vielmehr – Es ist *die einzige positive Kraft des Denkens, die, mit einer gewissen Organisation des Körpers verbunden, bei den Menschen so Vernunft beißt, wie sie bei den Tieren Kunstfähigkeit wird: die bei ihm Freiheit beißt und bei den Tieren Instinkt wird. Der Unterschied ist nicht in Stufen oder Zugabe von Kräften, sondern in einer ganz verschiedenartigen Achtung und Auswickelung aller Kräfte*. Man sei Leibnizianer oder Lockianer, Search oder Knowall[11], Idealist oder Materialist, so muß man bei einem Einverständnis über die Worte, zufolge des Vorigen, die Sache zugeben, *einen eignen Charakter der Menschheit*, der hierin und in nichts anders bestehet.

Alle die dagegen Schwürigkeit gemacht, sind durch falsche Vorstellungen und unaufgeräumte Begriffe hintergangen. Man hat sich die Vernunft des Menschen als eine neue, ganz abgetrennte Kraft in die Seele hineingedacht, die dem Menschen als eine Zugabe vor allen Tieren zu eigen geworden und die also auch, wie die vierte Stufe einer Leiter nach den drei untersten, allein betrachtet werden müsse; und das ist freilich, es mögen es so große Philosophen sagen, als da wollen, philosophischer Unsinn. Alle Kräfte unsrer und der Tierseelen sind nichts als metaphysische Abstraktionen, Würkungen! sie werden abgeteilt, weil sie von unserm schwachen Geiste nicht auf einmal betrachtet werden konnten: sie stehen in Kapiteln, nicht, weil sie so kapitelweise in der Natur würkten, sondern ein Lehrling sie sich vielleicht so am besten entwickelt. Daß wir gewisse ihrer Verrichtungen unter gewisse Hauptnamen gebracht haben z. E. Witz, Scharfsinn, Phantasie, Vernunft, ist nicht, als wenn je eine einzige Handlung des Geistes möglich wäre, wo der Witz oder die Vernunft allein würkt: sondern nur, weil wir in dieser Handlung am meisten von der Abstraktion entdecken, die wir Witz oder Vernunft nennen, z. E. Vergleichung oder Deutlichmachung der Ideen: überall aber würkt die ganze unabgeteilte Seele. Konnte ein Mensch je eine einzige Handlung tun, bei der er völlig wie ein Tier dachte: so ist er auch durchaus kein Mensch mehr, gar keiner

11   Eine in einem neuen metaphysischen Werke beliebte Einteilung (Search's »Light of Nature Pursued«, Lond. 68).

menschlichen Handlung mehr fähig. War er einen einzigen Augenblick ohne Vernunft: so sähe ich nicht, wie er je in seinem Leben mit Vernunft denken könne: oder seine ganze Seele, die ganze Haushaltung seiner Natur ward geändert.

Nach richtigern Begriffen ist die *Vernunftmäßigkeit* des Menschen, der Charakter seiner Gattung, etwas anders, nämlich, *die gänzliche Bestimmung seiner denkenden Kraft im Verhältnis seiner Sinnlichkeit und Triebe.* Und da konnte es, alle vorigen Analogien zu Hülfe genommen, nichts anders sein, als daß –

wenn der Mensch *Triebe der Tiere* hätte, er das nicht haben könnte, was wir jetzt *Vernunft* in ihm nennen; denn eben diese Triebe rissen ja seine Kräfte so dunkel auf einen Punkt hin, daß ihm kein freier Besinnungskreis ward. Es mußte sein, daß –

wenn der Mensch *Sinne* der Tiere, er keine *Vernunft* hätte; denn eben die starke Reizbarkeit seiner Sinne, eben die durch sie mächtig andringenden Vorstellungen müßten alle kalte Besonnenheit ersticken. Aber umgekehrt mußte es auch nach ebendiesen Verbindungsgesetzen der haushaltenden Natur sein, daß –

wenn tierische Sinnlichkeit und Eingeschlossenheit auf einen Punkt wegfiele: so wurde ein ander Geschöpf, dessen positive Kraft sich in größerm Raume, nach feinerer Organisation, heller, äußerte: das abgetrennt und frei nicht bloß erkennet, will und würkt, sondern auch weiß, daß es erkenne, wolle und würke. Dies Geschöpf ist der Mensch und diese ganze Disposition seiner Natur wollen wir, um den Verwirrungen mit eignen Vernunftkräften usw. zu entkommen, *Besonnenheit* nennen. Es folgt also nach ebendiesen Verbindungsregeln, da alle die Wörter *Sinnlichkeit* und *Instinkt, Phantasie* und *Vernunft* doch nur Bestimmungen einer einzigen Kraft sind, wo Entgegensetzungen einander aufheben, daß –

wenn der Mensch *kein instinktmäßiges Tier sein sollte, er vermöge der freier würkenden positiven Kraft seiner Seele ein besonnenes Geschöpf sein mußte.* – – – Wenn ich die Kette dieser Schlüsse noch einige Schritte weiter ziehe, so bekomme ich damit vor künftigen Einwendungen einen den Weg sehr kürzenden Vorsprung.

Ist nämlich die Vernunft keine abgeteilte, einzelnwürkende Kraft, sondern eine seiner Gattung eigne Richtung aller Kräfte: *so muß der Mensch sie im ersten Zustande haben, da er Mensch ist.* Im ersten Gedanken des Kindes muß sich diese Besonnenheit zeigen, wie bei dem Insekt, daß es Insekt war. – – Das hat nun mehr als *ein* Schriftsteller nicht begreifen können, und daher ist die Materie, über die ich schreibe, mit den rohesten, ekelhaftesten Einwürfen angefüllet – aber sie konnten es nicht begreifen, weil sie es mißverstanden. Heißt denn vernünftig denken, mit ausgebildeter Vernunft denken? heißt's, der Säugling denke mit Besonnenheit, er räsoniere wie ein Sophist auf seinem Katheder oder der Staatsmann, in seinem Kabinett? Glücklich und dreimal glücklich, daß er von diesem ermattenden Wust von Vernünfteleien noch nichts wußte! Aber siehet man denn nicht, daß dieser Einwurf bloß einen so und nicht anders, einen mehr oder minder gebildeten Gebrauch der Seelenkräfte, und durchaus kein Positives einer Seelenkraft selbst leugne? und welcher Tor wird da behaupten, daß der Mensch im ersten Augenblick des Lebens so denke wie nach einer vieljährigen Übung – es sei denn, daß man zugleich das Wachstum aller Seelenkräfte leugne und sich eben damit selbst für einen Unmündigen bekenne? – So wie doch aber dies Wachstum in der Welt nichts bedeuten kann als einen leichtern, stärkern, vielfachern Gebrauch; muß denn das nicht schon da sein, was gebraucht werden? muß es nicht schon Keim sein, was da wachsen soll? und ist also nicht im Keime der ganze Baum enthalten? – Sowenig das Kind Klauen wie ein Greif und eine Löwenmähne hat: sowenig kann es, wie Greif und Löwe, denken; denkt es aber menschlich, so ist *Besonnenheit*, das ist die Mäßigung aller seiner Kräfte auf diese Hauptrichtung, schon so im ersten Augenblicke sein Los, wie sie es im letzten sein wird. Die Vernunft äußert sich unter seiner Sinnlichkeit schon so würklich, daß der Allwissende, der diese Seele schuf, in ihrem ersten Zustande schon das ganze Gewebe von Handlungen des Lebens sähe, wie etwa der Meßkünstler nach gegebner Klasse aus *einem* Gliede der Progression das ganze Verhältnis derselben findet.

»Aber so war doch diese Vernunft damals mehr Vernunftfähigkeit (réflexion en puissance) als würkliche Kraft?« Die Ausnahme sagt kein Wort. Bloße, nackte Fähigkeit, die auch ohne vorliegendes Hindernis keine Kraft, nichts als Fähigkeit sei, ist so ein tauber Schall als plastische Formen, die da formen, aber selbst keine Formen sind. Ist mit der Fähigkeit nicht das geringste Positive zu einer Tendenz da: so ist nichts da – so ist das Wort bloß Abstraktion der Schule. Der neuere französische Philosoph[12], der diese réflexion en puissance, diesen Scheinbegriff so blendend gemacht, hat, wie wir sehen werden, immer nur eine Luftblase blendend gemacht, die er eine Zeitlang vor sich hertreibt, die ihm selbst aber unvermutet auf seinem Wege zerspringt. Und ist in der Fähigkeit nichts da, wodurch soll es denn je in die Seele kommen? ist im ersten Zustande nichts Positives von Vernunft in der Seele, wie wird's bei Millionen der folgenden Zustände würklich werden? Es ist Worttrug, daß der Gebrauch eine Fähigkeit in Kraft, etwas bloß Mögliches in ein Würkliches verwandeln könne: ist nicht schon Kraft da, so kann sie ja nicht gebraucht und angewandt werden. Zudem endlich, was ist beides, eine abgetrennte Vernunftfähigkeit und Vernunftkraft in der Seele? Eines ist so unverständlich als das andre. Setzet den Menschen, als das Wesen, was er ist, mit dem Grade von Sinnlichkeit, und der Organisation ins Universum: von allen Seiten, durch alle Sinne strömt dies in Empfindungen auf ihn los; durch menschliche Sinne? auf menschliche Weise? so wird also, mit den Tieren verglichen, dies denkende Wesen weniger überströmt? Es hat Raum, seine Kraft freier zu äußern? und dieses Verhältnis heißt Vernunftmäßigkeit – wo ist da bloße Fähigkeit? wo abgesonderte Vernunftkraft? Es ist die positive einzige Kraft der Seele, die in solcher Anlage würket – mehr sinnlich, so weniger vernünftig; vernünftiger, so minder lebhaft, heller, so minder dunkel – das versteht sich ja alles! Aber der sinnlichste Zustand des Menschen war noch menschlich, und also würkte in ihm noch immer *Besonnenheit*, nur im minder merklichen Grade; und der am wenigsten sinnliche Zustand der Tiere war noch tierisch, und also würkte bei aller Klarheit ihrer Gedanken nie Besonnenheit eines menschlichen Begriffs. Und weiter lasset uns nicht mit Worten spielen! –

Es tut mir leid, daß ich so viele Zeit verloren habe, erst bloße Begriffe zu bestimmen und zu ordnen; allein der Verlust war nötig, da dieser ganze Teil der Psychologie in den neuem Zeiten so jämmerlich verwüstet daliegt: da französische Philosophen über einige anscheinende Sonderbarkeiten in der tierischen und menschlichen Natur alles so über- und untereinander geworfen und deutsche Philosophen die meisten Begriffe dieser Art mehr für ihr System, und nach ihrem Sehepunkt, als darnach ordnen, damit sie Verwirrungen im Sehepunkt der gewöhnlichen

---

12 Rousseau, »Über die Ungleichheit« etc.

Denkart vermeiden. Ich habe auch mit diesem Aufräumen der Begriffe keinen Umweg genommen: sondern wir sind mit einemmal am Ziele! Nämlich:

Der Mensch, in den Zustand von Besonnenheit gesetzt, der ihm eigen ist, und diese Besonnenheit (Reflexion) zum erstenmal frei würkend, hat Sprache erfunden. Denn was ist Reflexion? was ist Sprache?

Diese Besonnenheit ist ihm charakteristisch eigen, und seiner Gattung wesentlich: so auch Sprache und eigne Erfindung der Sprache.

Erfindung der Sprache ist ihm also so natürlich, als er ein Mensch ist! Lasset uns nur beide Begriffe entwickeln! Reflexion und Sprache –

Der Mensch beweiset Reflexion, wenn die Kraft seiner Seele so frei würket, daß sie in dem ganzen Ozean von Empfindungen, der sie durch, alle Sinnen durchrauschet, *eine* Welle, wenn ich so sagen darf, absondern, sie anhalten, die Aufmerksamkeit auf sie richten und sich bewußt sein kann, daß sie aufmerke. Er beweiset Reflexion, wenn er aus dem ganzen schwebenden Traum der Bilder, die seine Sinne vorbeistreichen, sich in ein Moment des Wachens sammlen, auf *einem* Bilde freiwillig verweilen, es in helle, ruhigere Obacht nehmen und sich Merkmale absondern kann, daß dies der Gegenstand und kein andrer sei. Er beweiset also Reflexion, wenn er nicht bloß alle Eigenschaften lebhaft oder klar erkennen, sondern eine oder mehrere als unterscheidende Eigenschaften bei sich *anerkennen* kann: der erste Aktus dieser Anerkenntnis[13] gibt deutlichen Begriff; es ist das erste Urteil der Seele – und –

wodurch geschahe die Anerkennung? Durch ein Merkmal, was er absondern, mußte und was, als Merkmal der Besinnung, deutlich in ihn fiel. Wohlan! lasset uns ihm das εὑρηκα zurufen! Dies *erste Merkmal der Besinnung war Wort der Seele! Mit ihm ist die menschliche Sprache erfunden!* Lasset jenes Lamm, als Bild, sein Auge vorbeigehn: ihm wie keinem andern Tiere. Nicht wie dem hungrigen, witternden Wolfe! nicht wie dem blutleckenden Löwen – die wittern und schmecken schon im Geiste! die Sinnlichkeit hat sie überwältigt! der Instinkt wirft sie darüber her! – Nicht wie dem brünstigen Schafmanne, der es nur als

13 Eine der schönsten Abhandlungen, das Wesen der *Apperzeption aus physischen Versuchen,* die so selten die Metaphysik der Seele erläutern! ins Licht zu setzen, ist die in den Schriften der Berlinschen Akademie von 1764.

den Gegenstand seines Genusses fühlt, den also wieder die Sinnlichkeit überwältigt und der Instinkt darüber herwirft! – Nicht wie jedem andern Tier, dem das Schaf gleichgültig ist, das es also klar-dunkel vorbeistreichen läßt, weil ihn sein Instinkt auf etwas anders wendet! – Nicht so dem Menschen! Sobald er in die Bedürfnis kommt, das Schaf kennenzulernen: so störet ihn kein Instinkt: so reißt ihn kein Sinn auf dasselbe zu nahe hin oder davon ab: es steht da, ganz wie es sich seinen Sinnen äußert. Weiß, sanft, wollicht – seine besonnen sich übende Seele sucht ein Merkmal, – das Schaf *blöket*! sie hat Merkmal gefunden. Der innere Sinn würket. Dies Blöken, das ihr am stärksten Eindruck macht, das sich von allen andern Eigenschaften des Beschauens und Betastens losriß, hervorsprang, am tiefsten eindrang, bleibt ihr. Das Schaf kommt wieder. Weiß, sanft, wollicht – sie sieht, tastet, besinnet sich, sucht Merkmal – es blökt, und nun erkennet sie's wieder! »Hai du bist das Blökende!« fühlt sie innerlich, sie hat es *menschlich* erkannt, da sie's deutlich, das ist, mit einem Merkmal erkennet und nennet. Dunkler? so wäre es ihr gar nicht wahrgenommen, weil keine Sinnlichkeit, kein Instinkt zum Schafe ihr den Mangel des Deutlichen durch ein lebhafteres Klare ersetzte. Deutlich unmittelbar, ohne Merkmal? so kann kein sinnliches Geschöpf außer sich empfinden: da es immer andre Gefühle unterdrücken, gleichsam vernichten, und immer den Unterschied von Zween durch ein Drittes erkennen muß. Mit einem Merkmal also? und was war das anders, als ein innerliches *Merkwort*! Der *Schall des* Blökens, von einer menschlichen Seele als Kennzeichen des Schafs wahrgenommen, ward, Kraft dieser Besinnung, *Name* des Schafs, und wenn ihn nie seine Zunge zu stammeln versucht hätte. Er erkannte das Schaf am Blöken: es war gefaßtes Zeichen, bei welchem sich die Seele an eine Idee deutlich besann – was ist das anders als Wort? und was ist die ganze menschliche Sprache als eine Sammlung solcher Worte? Käme er also auch nie in den Fall, einem andern Geschöpf diese Idee zu geben und also dies Merkmal der Besinnung ihm mit den Lippen vorblöken zu wollen oder zu können; seine Seele hat gleichsam in ihrem Inwendigen geblökt, da sie diesen Schall zum Erinnerungszeichen wählte, und wiedergeblökt, da sie ihn daran erkannte – *die Sprache ist erfunden! ebenso natürlich und dem Menschen notwendig erfunden, als der Mensch ein Mensch war.*

Die meisten, die über den Ursprung der Sprache geschrieben, haben ihn nicht da, auf dem einzigen Punkt gesucht, wo er gefunden werden konnte; und vielen haben also so viel dunkle Zweifel vorgeschwebt: ob er irgendwo in der menschlichen Seele zu finden sei? Man hat ihn in der bessern Artikulation der Sprachwerkzeuge gesucht; als ob je ein Orang-Utan mit ebenden Werkzeugen eine Sprache erfunden hätte? Man hat ihn in den Schällen der Leidenschaft gesucht; als ob nicht alle Tiere diese Schälle besäßen, und irgendein Tier aus ihnen Sprache erfunden hätte? Man hat ein Prinzipium angenommen, die Natur und also auch ihre Schälle nachzuahmen; als wenn sich bei einer solchen blinden Neigung was gedenken ließe? und als wenn der Affe mit eben dieser Neigung, die Amsel, die die Schälle so gut nachäffen kann, eine Sprache erfunden hätten? Die meisten endlich haben eine bloße Konvention, einen Einvertrag, angenommen, und dagegen hat *Rousseau* am stärksten geredet; denn was ist's auch für ein dunkles, verwickeltes Wort, ein natürlicher Einvertrag der Sprache? Diese so vielfache, unerträgliche Falschheiten, die über den menschlichen Ursprung der Sprache gesagt worden, haben endlich die gegenseitige Meinung beinahe allgemein gemacht – ich hoffe nicht, daß sie es bleiben werde. Hier ist es keine Organisation des Mundes, die die Sprache machet: denn auch der zeitlebens Stumme, war er Mensch, besann er sich: so lag Sprache in seiner Seele! Hier ist's kein Geschrei der Empfindung: denn nicht eine atmende Maschine, sondern ein besinnendes Geschöpf erfand Sprache! Kein Prinzipium der Nachahmung in der Seele; die etwanige Nachahmung der Natur ist bloß ein Mittel zu einem und dem einzigen Zweck, der hier erklärt werden soll. Am wenigsten ist's Einverständnis, willkürliche Konvention der Gesellschaft; der Wilde, der Einsame im Walde hätte Sprache für sich selbst erfinden müssen; hätte er sie auch nie geredet. Sie war Einverständnis seiner Seele mit sich und ein so notwendiges Einverständnis, als der Mensch Mensch war. Wenn's andern unbegreiflich war, wie eine menschliche Seele hat Sprache erfinden können, so ist's mir unbegreiflich, wie eine menschliche Seele, was sie ist, sein konnte, ohne eben dadurch, schon ohne Mund und Gesellschaft, sich Sprache erfinden zu *müssen*.

Nichts wird diesen Ursprung deutlicher entwickeln als die Einwürfe der Gegner. Der gründlichste, der ausführlichste Verteidiger des göttlichen Ursprunges der Sprache[14] wird, eben weil er durch die Oberfläche drang, die nur die andern berühren, fast ein Verteidiger des wahren menschlichen Ursprungs. Er ist unmittelbar am Rande des Beweises stehengeblieben; und sein Haupteinwurf, bloß etwas richtiger erkläret, wird Einwurf gegen ihn selbst und Beweis von seinem Gegenteile, der Menschenmöglichkeit der Sprache. Er will bewiesen haben, »daß der Gebrauch der Sprache zum Gebrauch der Vernunft notwendig sei!« Hätte er das, so wüßte ich nicht, was anders damit bewiesen wäre, »als daß, da der Gebrauch der Vernunft dem Menschen natürlich sei, der Gebrauch der Sprache es ebenso sein müßte!« Zum Unglück aber hat er seinen Satz nicht bewiesen. Er hat bloß mit vieler Mühe dargetan, daß so viel feine, verflochtne Handlungen, als Aufmerksamkeit, Reflexion, Abstraktion usw., *nicht füglich* ohne Zeichen geschehen können, auf die sich die Seele stütze; allein dies *nicht füglich, nicht leicht, nicht wahrscheinlich* erschöpfet noch nichts. So wie wir mit wenigen Abstraktionskräften nur wenige Abstraktion ohne sinnliche Zeichen denken können: so können andre Wesen mehr darohne denken; wenigstens folgt *daraus* noch gar nicht, daß *an sich selbst* keine Abstraktion ohne sinnliches Zeichen möglich sei. Ich habe erwiesen, daß der Gebrauch der Vernunft nicht etwa *bloß füglich*, sondern daß nicht der mindeste Gebrauch der Vernunft, nicht die einfachste, deutliche Anerkennung, nicht das simpelste Urteil einer menschlichen Besonnenheit ohne Merkmal möglich sei: denn der Unterschied von Zween läßt sich nur immer durch ein Drittes erkennen. Eben dies Dritte, dies Merkmal, wird mithin inneres Merkwort: also folgt die Sprache aus dem ersten Aktus der Vernunft ganz natürlich. – Herr *Süßmilch* will dartun[15], daß die *höhern* Anwendungen der Vernunft nicht ohne Sprache vor sich gehen könnten, und führt dazu *Wolffs* Worte an, der aber auch nur von diesem Falle in Wahrscheinlichkeiten redet. Der Fall tut eigentlich nichts zur Sache: denn die höhern Anwendungen der Vernunft, wie sie in den spekulativen Wissenschaften Platz finden, waren ja nicht zu dem ersten Grundstein der Sprachenlegung nöthig – Und doch ist auch dieser leicht zu erweisende Satz von Hr. S. nur erläutert; da ich erwiesen zu haben glaube, daß selbst die erste, niedrigste Anwendung der Ver-

---

14 Süßmilch, angef. Schr., Abschn. 2.
15 Ebendas., S. 49.

nunft nicht ohne Sprache geschehen konnte. Allein wenn er nun folgert: kein Mensch kann sich selbst Sprache erfunden haben, weil schon zur Erfindung der Sprache Vernunft gehöret, folglich schon Sprache hätte dasein müssen, ehe sie da war: so halte ich den ewigen Kreisel an, besehe ihn recht, und nun sagt er ganz was anders: ratio et oratio! Wenn keine Vernunft dem Menschen ohne Sprache möglich war: wohl! so ist die Erfindung dieser dem Menschen so natürlich, so alt, so ursprünglich, so charakteristisch, als der Gebrauch jener.

Ich habe Süßmilchs Schlußart einen ewigen Kreisel genannt: denn ich kann ihn ja ebensowohl gegen ihn, als er gegen mich drehen: und das Ding kreiselt immer fort. Ohne Sprache hat der Mensch keine Vernunft, und ohne Vernunft keine Sprache. Ohne Sprache und Vernunft ist er keines göttlichen Unterrichts fähig; und ohne göttlichen Unterricht hat er doch keine Vernunft und Sprache – wo kommen wir da je hin? Wie kann der Mensch durch göttlichen Unterricht Sprache lernen, wenn er keine Vernunft hat? und er hat ja nicht den mindsten Gebrauch der Vernunft ohne Sprache. Er soll also Sprache haben, ehe er sie hat und haben kann? oder vernünftig werden können ohne den mindesten eignen Gebrauch der Vernunft? Um der ersten Silbe im göttlichen Unterricht fähig zu sein, mußte er ja, wie Hr. Süßmilch selbst zugibt, ein Mensch sein, das ist, deutlich denken können, und bei dem ersten deutlichen Gedanken war schon Sprache in seiner Seele da, sie war also aus eignen Mitteln und nicht durch göttlichen Unterricht erfunden. – – Ich weiß wohl, was man bei diesem göttlichen Unterricht meistens im Sinne hat, nämlich den Sprachunterricht der Eltern an die Kinder; allein man besinne sich, daß das hier gar nicht der Fall ist. Eltern lehren die Kinder nie Sprache, ohne daß diese nicht immer selbst mit erfänden: jene machen diese nur auf Unterschiede der Sachen, mittelst gewisser Wortzeichen, aufmerksam, und so ersetzen sie ihnen nicht etwa, sondern erleichtern und befördern ihnen nur den Gebrauch der Vernunft durch die Sprache. Will man solche übernatürliche Erleichterung aus andern Gründen annehmen: so geht das meinen Zweck nichts an; nur alsdenn hat Gott durchaus für die Menschen keine Sprache *erfunden*, sondern diese haben immer noch mit Würkung eigner Kräfte, nur unter höherer Veranstaltung, sich ihre Sprache *finden* müssen. Um das erste Wort als Wort, d.i. als Merkzeichen der Vernunft auch aus dem Munde Gottes empfangen zu können, war Vernunft nötig, und der Mensch mußte dieselbe Besinnung anwenden, dies Wort, als Wort, zu *verstehen*, als hätte er's ursprünglich ersonnen. Alsdenn fechten alle Waffen meines Gegners gegen ihn selbst; er mußte würklichen Gebrauch der Vernunft haben, um göttliche Sprache zu lernen: den hat immer ein lernendes Kind auch, wenn es nicht wie ein Papagei bloß Worte ohne Gedanken sagen soll – was wären aber das für würdige Schüler Gottes, die so lernten? – Und wenn die ewig so gelernt hätten, wo hätten wir denn unsre Vernunftsprache her?

Ich schmeichle mir, daß wenn mein würdiger Gegner noch lebte, er einsähe, daß sein Einwurf, etwas mehr bestimmt, selbst der stärkste Beweis gegen ihn werde und daß er also unwissend in seinem Buche selbst Materialien zu seiner Widerlegung zusammengetragen. Er würde sich nicht hinter das Wort »Vernunftfähigkeit, die aber noch nicht im mindsten Vernunft ist« verstecken: denn man kehre, wie man wolle, so werden Widersprüche! Ein vernünftiges Geschöpf ohne den mindsten Gebrauch der Vernunft; oder ein Vernunft gebrauchendes Geschöpf ohne – Sprache! Ein vernunftloses Geschöpf, dem Unterricht Vernunft geben kann; oder ein unterrichtfähiges Geschöpf, was doch ohne Vernunft ist! Ein Wesen ohne den mindsten Gebrauch der Vernunft; – und doch Mensch! Ein Wesen, das seine Vernunft aus natürlichen Kräften nicht brauchen konnte, und doch beim übernatürlichen Unterricht natürlich brauchen lernte! Eine menschliche Sprache, die gar nicht menschlich war, d.i. die durch keine menschliche Kraft entstehen konnte; und eine Sprache, die doch so menschlich ist, daß sich ohne sie keine seiner eigentlichen Kräfte äußern kann! Ein Ding, ohne das er nicht Mensch war, und doch ein Zustand, da er Mensch war und das Ding nicht hatte, das also da war, ehe es da war, sich äußern mußte, ehe es sich äußern konnte usw. – – alle diese Widersprüche sind offenbar, wenn Mensch, Vernunft und Sprache für das Würkliche genommen werden, was sie sind, und das Gespenst von Worte »Fähigkeit« (Menschenfähigkeit, Vernunftfähigkeit, Sprachfähigkeit) in seinem Unsinn entlarvt wird.

»Aber die wilden Menschenkinder unter den Bären, hatten die Sprache? und waren sie nicht Menschen?«[16] Allerdings! nur *zuerst* Menschen in einem widernatürlichen Zustande! Menschen in Verartung!

---

16 Süßmilch, S. 48.

Legt den Stein auf diese Pflanze; wird sie nicht krumm wachsen? und ist sie nicht demungeachtet ihrer Natur nach eine aufschießende Pflanze? und hat sich diese geradschießende Kraft nicht selbst da geäußert, da sie sich dem Steine krumm umschlang? Also *zweitens,* selbst die Möglichkeit dieser Verartung zeigt menschliche Natur. Eben weil der Mensch keine so hinreißende Instinkte hat als die Tiere: weil er zu so mancherlei und zu allem schwächer fähig – kurz! weil er Mensch ist: so konnte er verarten. Würde er wohl so *bärähnlich* haben brummen *und so bärähnlich* haben kriechen lernen, wenn er nicht gelenksame Organe, wenn er nicht gelenksame Glieder gehabt hätte? Würde jedes andre Tier, ein Affe und Esel es so weit gebracht haben? Würkte also nicht würklich seine menschliche Natur dazu, daß er so unnatürlich werden *konnte*? Aber *drittens* blieb sie deswegen noch immer menschliche Natur: denn brummte, kroch, fraß, witterte er *völlig wie ein Bär*? oder wäre er nicht ewig ein strauchelnder, stammlender Menschenbär und also ein unvollkommenes Doppelgeschöpf geblieben? Sowenig sich nun seine Haut und sein Antlitz, seine Füße und seine Zunge in völlige Bärengestalt ändern und wandeln konnten: sowenig, lasset uns nimmer zweifeln! konnte es die Natur seiner Seele. Seine Vernunft lag unter dem Druck der Sinnlichkeit, der bärartigen Instinkte begraben: aber sie war noch immer menschliche Vernunft, weil jene Instinkte nimmer völlig bärmäßig waren. Und daß das so gewesen, zeugt ja *endlich* die Entwicklung der ganzen Szene. Als die Hindernisse weggewälzet, als diese Bärmenschen zu ihrem Geschlecht zurückgekehrt waren, lernten sie nicht *natürlicher* aufrechtgehen und sprechen, als sie dort, immer unnatürlich, kriechen und brummen gelernt hatten? Dies konnten sie immer nur *bärähnlich,* jenes lernten sie in weniger Zeit ganz *menschlich.* Welcher ihrer vorigen Mitbrüder des Waldes lernte das mit ihnen? Und weil es kein Bär lernen konnte, weil er nicht Anlage des Körpers und der Seele dazu besaß, mußte der Menschenbär diese nicht noch immer im Zustande seiner Verwilderung erhalten haben? Hätte sie ihm bloß Unterricht und Gewohnheit gegeben, warum nicht dem Bären? Und was hieße es doch, jemand durch Unterricht Vernunft und Menschlichkeit geben, der sie nicht schon hat? Vermutlich hat alsdenn diese Nadel dem Auge die Sehkraft gegeben, dem sie die Starhaut wegschaffet. – Was wollen wir also aus dem unnatürlichsten Falle von der Natur schließen? Gestehen wir aber ein, daß er ein unnatürlicher Fall sei – wohl! so bestätigt er die Natur!

Die ganze *Rousseausche* Hypothese von Ungleichheit der Menschen ist, bekanntermaßen, auf solche Fälle der Abartung gebauet, und seine Zweifel gegen die Menschlichkeit der Sprache betreffen entweder falsche Ursprungsarten oder die beregte Schwürigkeit, daß schon Vernunft zur Spracherfindung gehört hätte. Im ersten Fall haben sie recht; im zweiten sind sie widerlegt und lassen sich ja aus *Rousseaus* Munde selbst wiederlegen. Sein Phantom, der Naturmensch, dieses entartete Geschöpf, das er auf der einen Seite mit der Vernunftfähigkeit abspeiset, wird auf der andern mit der Perfektibilität, und zwar mit ihr als Charaktereigenschaft, und zwar mit ihr in so hohem Grade belehnet, daß er dadurch von allen Tiergattungen lernen könne – und was hat nun *Rousseau* ihm nicht zugestanden! Mehr, als wir wollen und brauchen! Der erste Gedanke »siehe! das ist dem Tier eigen! der Wolf heult! der Bär brummt!« – schon der ist (in einem solchen Lichte gedacht, daß er sich mit dem zweiten verbinden könnte »Das habe ich nicht!«) würkliche Reflexion; und nun der dritte und vierte »Wohl! das wäre auch meiner Natur gemäß! das könnte ich nachahmen! das will ich nachahmen! dadurch wird mein Geschlecht vollkommner!«, welche Menge von feinen, fortschließenden Reflexionen! da das Geschöpf, das nur die erste sich auseinandersetzen konnte, schon Sprache der Seele haben mußte! schon *die* Kunst zu denken besaß, die die Kunst zu sprechen schuf. Der Affe äfft immer nach, aber nachgeahmt hat er nie: nie mit Besonnenheit zu sich gesprochen: »Das will ich nachahmen, um mein Geschlecht vollkommner zu machen!«, denn hätte er das je, hätte er eine einzige Nachahmung sich zu eigen gemacht, sie in seinem Geschlecht mit Wahl und Absicht verewigt, hätte er auch nur ein einziges Mal eine einzige solche Reflexion denken können – denselben Augenblick war er kein Affe mehr! In aller seiner Affengestalt, ohne einen Laut seiner Zunge war er inwendig sprechender Mensch, der sich über kurz oder lang seine äußerliche Sprache erfinden mußte – welcher Orang-Utan aber hat je mit allen menschlichen Sprachwerkzeugen ein einziges menschliches Wort gesprochen?

Es gibt freilich noch Negerbrüder in Europa, die da sagen: »ja vielleicht – wenn er nur sprechen wolltet – oder in Umstände käme! – oder könnte!« – – *Könnte!* das wäre wohl das beste, denn die beiden vorigen Wenn sind durch die Tiergeschichte gnugsam widerlegt; und durch die Werkzeuge wird, wie gesagt, bei ihm das Können nicht aufgehalten! Er hat einen Kopf von außen und innen wie wir; hat er aber je geredet? Papagei und Star haben gnug menschliche Schälle gelernet; aber auch ein menschliches Wort gedacht? – Überhaupt gehen uns hier noch die äußern Schälle der Worte nicht an; wir reden von *der innern, notwendigen Genesis eines Worts, als das Merkmal einer deutlichen Besinnung* – wenn aber hat das je eine Tierart, auf welche Weise es sei, geäußert? Abgemerkt müßte dieser Faden der Gedanken, dieser Diskurs der Seele immer werden können, er äußere sich, wie er wolle, wer hat das aber je? Der Fuchs hat tausendmal so gehandelt, als ihn Äsop handeln läßt; er hat aber nie in Äsops Sinne gehandelt, und das erstemal, daß er das kann, wird Meister Fuchs sich seine Sprache erfinden und über Äsop so fabeln können als Äsop jetzt über ihn. Der Hund hat viele Worte und Befehle verstehen gelernt; aber nicht als Worte, sondern als Zeichen, mit Gebärden, mit Handlungen verbunden; verstünde er je ein einziges Wort im menschlichen Sinne: so dienet er nicht mehr, so schaffet er sich selbst Kunst und Republik und Sprache. Man siehet, wenn man einmal den Punkt der genauen Genese verfehlt, so ist das Feld des Irrtums zu beiden Seiten unermeßlich groß! da ist die Sprache bald so übermenschlich, daß sie Gott erfinden muß, bald so unmenschlich, daß jedes Tier sie erfinden könnte, wenn es sich die Mühe nähme. Das Ziel der Wahrheit ist nur *ein* Punkt! auf den hingestellet, sehen wir aber auf alle Seiten: warum kein Tier Sprache erfinden kann, kein Gott Sprache erfinden darf und der Mensch, als Mensch, Sprache erfinden kann und muß.

Weiter mag ich aus der Metaphysik die Hypothese des göttlichen Sprachenursprunges nicht verfolgen, da psychologisch ihr Ungrund darin gezeigt ist, daß, um die Sprache der Götter im Olymp zu verstehen, der Mensch schon Vernunft, folglich schon Sprache haben müsse. Noch weniger kann ich mich in ein angenehmes Detail der Tiersprachen einlassen: da sie doch alle, wie wir gesehen, total und inkommensurabel von der menschlichen Sprache abstehen. Dem ich am ungernsten entsage, wären hier die mancherlei Aussichten, die von diesem genetischen Punkt der Sprache in der menschlichen Seele in die weiten Felder der Logik, Ästhetik und Psychologie, insonderheit über die Frage gehen: wie weit kann man *ohne* – was muß man *mit* der Sprache denken? –

eine Frage, die sich nachher in Anwendungen fast über alle Wissenschaften ausbreitet. Hier sei es gnug, *die Sprache als den würklichen Unterscheidungscharakter unsrer Gattung von außen zu bemerken, wie es die Vernunft von innen ist.*

In mehr als einer Sprache hat also auch *Wort* und *Vernunft, Begriff* und *Wort, Sprache* und *Ursache* einen Namen, und diese Synonymie enthält ihren ganzen genetischen Ursprung. Bei den Morgenländern ist's der gewöhnlichste Idiotismus geworden, das *Anerkennen* einer Sache *Namengebung* zu nennen: denn im Grunde der Seele sind beide Handlungen eins. Sie nennen den Menschen das *redende Tier* und die unvernünftigen Tiere die *Stummen:* der Ausdruck ist sinnlich charakteristisch: und das griechische αλογος fasset beides. Es wird sonach die Sprache ein natürliches Organ des Verstandes, *ein solcher Sinn der menschlichen Seele,* wie sich die Sehekraft jener sensitiven Seele der Alten das Auge und der Instinkt der Biene seine Zelle bauet.

Vortrefflich, daß dieser neue, selbstgemachte Sinn des Geistes gleich in seinem Ursprunge wieder ein Mittel der Verbindung ist – Ich kann nicht den ersten menschlichen Gedanken denken, nicht das erste besonnene Urteil reihen, ohne daß ich in meiner Seele dialogiere oder zu dialogieren strebe; der erste menschliche Gedanke bereitet also seinem Wesen nach, mit andern dialogieren zu können! Das erste Merkmal, was ich erfasse, ist Merkwort für mich, und Mitteilungswort für andre!

– Sic verba, quibus voces sensusque notarent,
Nominaque invenere – –

Horat.

Dritter Abschnitt

Der Brennpunkt ist ausgemacht, auf welchem Prometheus' himmlischer Funke in der menschlichen Seele zündet – *beim ersten Merkmal ward Sprache*; aber welches waren die ersten Merkmale zu Elementen der Sprache?

1. Töne

Cheseldens Blinder[17] zeigt, wie langsam sich das Gesicht entwickle, wie schwer die Seele zu den Begriffen von Raum, Gestalt und Farbe komme, wie viel Versuche gemacht, wie viel Meßkunst erworben werden muß, um diese Merkmale deutlich zu gebrauchen: das war also nicht der füglichste Sinn zu Sprache. Zudem waren seine Phänomene so kalt und stumm: die Empfindungen der gröbern Sinne wiederum so undeutlich und ineinander, daß nach aller Natur entweder nichts oder *das Ohr der erste Lehrmeister der Sprache wurde.*

Da ist z. E. das Schaf. Als Bild schwebet es dem Auge mit allen Gegenständen, Bildern und Farben auf *einer* großen Naturtafel vor – wie viel, wie mühsam zu unterscheiden! Alle Merkmale sind fein verflochten, nebeneinander – alle noch unaussprechlich! Wer kann Gestalten reden? wer kann Farben tönen? Er nimmt das Schaf unter seine tastende Hand – das Gefühl ist sicherer und voller; aber so voll, so dunkel ineinander – wer kann, was er fühlt, sagen? Aber horch! das Schaf *blöket*! Da reißt sich *ein* Merkmal von der Leinwand des Farbenbildes, worin so wenig zu unterscheiden war, von selbst los: ist tief und deutlich in die Seele gedrungen. »Hai« sagt der lernende Unmündige, wie jener Blindgewesene Cheseldens: »nun werde ich dich wiedererkennen – du blökst!« Die Turteltaube girrt! der Hund bellet! da sind drei Worte, weil er drei deutliche Ideen versuchte, diese in seine Logik, jene in sein Wörterbuch! Vernunft und Sprache taten gemeinschaftlich einen furchtsamen Schritt, und die Natur kam ihnen auf halbem Wege entgegen – durchs Gehör.

---

17 Philos. Transact. – Abridgment – auch in Cheseldens Anatomy, in Smith-Kästners Optik, in Buffons Naturgeschichte, Encyklopädie und zehn kleinen französischen Wörterbüchern unter »Aveugle«.

Sie tönte das Merkmal nicht bloß vor, sondern tief in die Seele hinein! es klang! die Seele haschte – da hat sie ein tönendes Wort!

Der Mensch ist also als ein horchendes, merkendes Geschöpf zur Sprache natürlich gebildet, und selbst ein Blinder und Stummer, siehet man, müßte Sprache erfinden, wenn er nur nicht fühllos und taub ist. Setzet ihn gemächlich und behaglich auf eine einsame Insel: die Natur wird sich ihm durchs Ohr offenbaren: tausend Geschöpfe, die er nicht sehen kann, werden doch mit ihm zu sprechen scheinen, und, bliebe auch ewig sein Mund und sein Auge verschlossen, seine Seele bleibt nicht ganz ohne Sprache. Wenn die Blätter des Baumes dem armen Einsamen Kühlung herabrauschen, wenn der vorbeimurmelnde Bach ihn in den Schlaf wieget und der hinzusäuselnde West seine Wangen fächelt – das blökende Schaf gibt ihm Milch, die rieselnde Quelle Wasser, der rauschende Baum Früchte – Interesse gnug, die wohltätigen Wesen zu *kennen,* Dringnis gnug, ohne Augen und Zunge in seiner Seele sie zu *nennen.* Der Baum wird der Rauscher, der West Säusler, die Quelle Riesler heißen – da liegt ein kleines Wörterbuch fertig und wartet auf das Gepräge der Sprachorgane. Wie arm und sonderbar aber müßten die Vorstellungen sein, die dieser Verstümmelte mit solchen Schällen verbindet![18]

Nun lasset dem Menschen alle Sinne frei: er sehe und taste und fühle zugleich alle Wesen, die in sein Ohr reden – Himmel! welch ein Lehrsaal der Ideen und der Sprache! Führet keinen Merkur und Apollo als Opernmaschinen von den Wolken herunter – *die ganze, vieltönige, göttliche Natur ist Sprachlehrerin und Muse!* Da führet sie alle Geschöpfe bei ihm vorbei: jedes trägt seinen Namen auf der Zunge und nennet sich, diesem verhüllten sichtbaren Gotte! als Vasall und Diener. Es liefert ihm sein Merkwort ins Buch seiner Herrschaft wie einen Tribut, damit er sich bei diesem Namen seiner erinnere, es künftig rufe und genieße. Ich frage, ob je diese Wahrheit: »Eben der Verstand, durch den der Mensch über die Natur herrscht, war der Vater einer lebendigen Sprache, die er aus Tönen schallender Wesen zu Merkmalen der Unterscheidung sich abzog!«, ich frage, ob je diese trockne Wahrheit auf morgenländische Weise edler und schöner könne gesagt werden

---

18   Diderot ist in seinem ganzen Briefe »Sur les sourds et muets« kaum auf diese Hauptmaterie gekommen, da er sich nur bei Inversionen und hundert andern Kleinigkeiten aufhält.

als: »Gott führte die Tiere zu ihm, daß er sähe, wie er sie nennete! und wie er sie nennen würde, so sollten sie heißen!« Wo kann es auf morgenländische, poetische Weise bestimmter gesagt werden: *der Mensch erfand sich selbst Sprache! – aus Tönen lebender Natur! – zu Merkmalen seines herrschenden Verstandes!* – Und das ist, was ich beweise.

Hätte Engel oder himmlischer Geist die Sprache erfunden: wie anders, als daß ihr ganzer Bau ein Abdruck von der Denkart dieses Geistes sein müßte: denn woran könnte ich ein Bild, von einem Engel gemalt, kennen, als an dem Englischen, Überirdischen seiner Züge? Wo findet das aber bei unsrer Sprache statt? Bau und Grundriß, ja selbst der erste Grundstein dieses Palastes verrät Menschheit!

In welcher Sprache sind himmlische, geistige Begriffe die ersten? jene Begriffe, die auch nach der Ordnung unsres denkenden Geistes die ersten sein müßten – Subjekte, notiones communes, die Samenkörner unsrer Erkenntnis, die Punkte, um die sich alles wendet und alles zurückführt – sind diese lebende Punkte Elemente der Sprache? Die Subjekte müßten doch natürlicherweise vor dem Prädikat, und die einfachsten Subjekte vor den zusammengesetzten; was da tut und handelt, vor dem, was es handelt, das Wesentliche und Gewisse vor dem Ungewissen, Zufälligen, vorhergegangen sein – Ja, was man nicht alles schließen könnte, und – in unsern ursprünglichen Sprachen findet durchgängig das offenbare Gegenteil statt. Ein hörendes, aufhorchendes Geschöpf ist kennbar, aber kein himmlischer Geist: denn –

tönende Verba sind die ersten Machtelemente. Tönende Verba? Handlungen, und noch nichts, was da handelt? Prädikate und noch kein Subjekt? Der himmlische Genius mag sich dessen zu schämen haben, aber nicht das sinnliche menschliche Geschöpf: denn was rührte dies, wie wir gesehen, inniger als diese tönenden Handlungen? Und was ist also die *ganze Bauart der Sprache* anders, als eine *Entwicklungsweise seines Geistes, eine Geschichte seiner Entdeckung*! Der göttliche Ursprung erklärt nichts und läßt nichts aus sich erklären; er ist, wie *Baco* von einer andern Sache sagt, heilige Vestalin – gottgeweiht, aber unfruchtbar, fromm, aber zu nichts nütze!

Das erste Wörterbuch war also aus den Lauten aller Welt gesammelt. Von jedem tönenden Wesen klang sein Name: die menschliche Seele prägte ihr Bild drauf, dachte sie als Merkzeichen – wie anders, als daß diese tönenden Interjektionen die ersten wurden, und so sind z. E. *die morgenländischen Sprachen voll Verba als Grundwurzeln der Sprache.* Der Gedanke an die Sache selbst schwebte noch zwischen dem Handelnden und der Handlung: der Ton mußte die Sache bezeichnen, so wie die Sache den Ton gab; *aus den Verbis wurden also Nomina und nicht Verba aus den Nominibus.* Das Kind nennet das Schaf als Schaf nicht: sondern als ein blökendes Geschöpf und macht also die Interjektion zu einem Verbo. Im Stufengange der menschlichen Sinnlichkeit wird diese Sache erklärbar, aber nicht in der Logik des höhern Geistes.

Alle alte, wilde Sprachen sind voll von diesem Ursprunge, und in einem *philosophischen Wörterbuch der Morgenländer wäre jedes Stammwort mit seiner Familie*, recht gestellet und gesund entwickelt, *eine Charte vom Gange des menschlichen Geistes, eine Geschichte seiner Entwicklung, und ein ganzes solches Wörterbuch die vortrefflichste Probe von der Erfindungskunst der menschlichen Seele* – ob aber auch von der Sprach- und Lehrmethode Gottes? ich zweifle!

Indem die ganze Natur tönt, so ist einem sinnlichen Menschen nichts natürlicher, als daß sie lebt, sie spricht, sie handelt. Jener Wilde sähe den hohen Baum mit seinem prächtigen Gipfel und bewunderte: der Gipfel rauschte! das ist webende Gottheit! der Wilde fällt nieder und betet an! Sehet da die Geschichte des sinnlichen Menschen, das dunkle Band, *wie aus den Verbis Nomina werden* – und den leichtesten Schritt zur Abstraktion! Bei den Wilden von Nordamerika z.B. ist noch alles belebt: jede Sache hat ihren Genius, ihren Geist, und daß es bei Griechen und Morgenländern ebenso gewesen, zeugt ihr ältestes Wörterbuch und Grammatik – sie sind, wie die ganze Natur dem Erfinder war, ein Pantheon! ein Reich belebter, handelnder Wesen!

Indem der Mensch aber alles auf sich bezog: indem alles mit ihm zu sprechen schien und würklich für oder gegen ihn handelte: indem er also mit oder dagegen teilnahm, liebte oder haßte und sich alles menschlich vorstellte; *alle diese Spuren der Menschlichkeit drückten sich auch in die ersten Namen!* Auch sie sprachen Liebe oder Haß, Fluch oder Segen, Sanftes oder Widrigkeit, und insonderheit wurden aus diesem Gefühl in so vielen Sprachen *die Artikel*! Da wurde alles menschlich, zu Weib und Mann personifiziert: überall Götter, Göttinnen, handelnde, bösartige oder gute Wesen! Der brausende Sturm, und der süße Zephir, die klare Wasserquelle und der mächtige Ozean – ihre ganze Mythologie liegt in den Fundgruben, den Verbis und Nominibus der alten Sprachen, und *das älteste Wörterbuch war so ein tönendes Pantheon, ein Versammlungssaal beider Geschlechter*, als den Sinnen des ersten Erfinders die Natur. Hier ist die Sprache jener alten Wilden ein Studium in den Irrgängen menschlicher Phantasie und Leidenschaften, wie ihre Mythologie. Jede Familie von Wörtern ist ein verwachsnes Gebüsche um eine sinnliche Hauptidee, um eine heilige Eiche, auf der noch Spuren sind, welchen Eindruck der Erfinder von dieser Dryade hatte. Die Gefühle sind ihm zusammengewebt: was sich beweget, lebt: was da tönet, spricht – und da es für oder wider dich tönt, so ist's Freund, oder Feind: Gott oder Göttin: es handelt aus Leidenschaften, wie du!

Ein menschliches, sinnliches Geschöpf liebe ich über diese Denkart: ich sehe überall den schwachen, schüchternen Empfindsamen, der lieben oder hassen, trauen oder fürchten muß und diese Empfindungen aus seiner Brust über alle Wesen ausbreiten möchte. Ich sehe überall das schwache und doch mächtige Geschöpf, das das ganze Weltall nötig hat und alles mit sich in Krieg und Frieden verwickelt; das von allem abhangt, und doch über alles herrschet – *Die Dichtung und die Geschlechterschaffung der Sprache sind also Interesse der Menschheit*, und die Genetalien der Rede gleichsam das Mittel ihrer Fortpflanzung. Aber nun – wenn sie ein höherer Genius aus den Sternen hinuntergebracht – wie? wurde dieser Genius aus den Sternen auf unsrer Erde unter dem Monde in solche Leidenschaften von Liebe und Schwachheit, von Haß und Furcht verwickelt? daß er alles in Zuneigung und Haß verflocht, daß er alle Worte mit Furcht und Freude bezeichnete, daß er endlich alles auf Begattungen bauete? Sähe und fühlte er, wie ein Mensch siehet, daß sich ihm die Nomina in Geschlechter und Artikel paaren mußten, daß er die Verba tätig und leidend zusammengab, ihnen so viel echte und Doppelkinder zuerkannte, kurz, daß er *die ganze Sprache auf das Gefühl menschlicher Schwachheiten bauete?* – sähe und fühlte er so?

Einem Verteidiger des übernatürlichen Ursprunges ist's göttliche Ordnung der Sprache, »daß die meisten Stammwörter einsilbig, die Verba meistens zweisilbig sind und also die Sprache nach dem Maße des Gedächtnisses eingeteilt sei«. Das Faktum ist nicht genau und der Schluß unsicher. In den Resten der für die älteste angenommenen Sprache sind die Wurzeln alle zweisilbige Verba; welches ich nun aus dem vorigen sehr gut erklären kann, da die Hypothese des Gegenteils keinen Grund findet. Diese Verba nämlich sind unmittelbar auf die Laute und Interjektionen der tönenden Natur gebauet, die oft noch in ihnen tönen, hie und da auch noch als Interjektionen aufbehalten sind; meistens aber mußten sie, als halbinartikulierte Töne, verlorengehen, da sich die Sprache formte. *In den morgenländischen Sprachen fehlen also diese ersten Versuche der stammelnden Zunge*; aber daß sie fehlen und nur ihre regelmäßigen Reste in den Verbis tönen, das eben zeigt von der Ursprünglichkeit und – Menschlichkeit der Sprache. Sind diese Stämme Schätze und Abstraktionen aus dem Verstande Gottes oder die ersten Laute des horchenden Ohrs? die ersten Schälle der stammelnden Zunge? Das Menschengeschlecht in seiner Kindheit hat sich ja eben die Sprache geformet, die ein Unmündiger stammlet: es ist das lallende Wörterbuch der Ammenstube – wo bleibt das im Munde der Erwachsnen?

Was so viele Alten sagen und so viel Neuere ohne Sinn nachgesagt, nimmt hieraus sein sinnliches Leben: »daß nämlich Poesie älter gewesen als Prosa!«; denn was war *diese erste Sprache als eine Sammlung von Elementen der Poesie?* Nachahmung der tönenden, handelnden, sich regenden Natur! Aus den Interjektionen aller Wesen genommen und von Interjektion menschlicher Empfindung belebet! Die Natursprache aller Geschöpfe, vom Verstande in Laute gedichtet, in Bilder von Handlung, Leidenschaft und lebender Einwürkung! Ein Wörterbuch der Seele, was zugleich Mythologie und eine wunderbare Epopee von den Handlungen und Reden aller Wesen ist! Also eine beständige Fabeldichtung mit Leidenschaft und Interesse! – Was ist Poesie anders? –

Ferner. Die Tradition des Altertums sagt, *die erste Sprache des menschlichen Geschlechts sei Gesang gewesen*, und viele gute musikalische Leute haben geglaubt, die Menschen könnten diesen Gesang wohl den Vögeln abgelernt haben. – Das ist freilich viel geglaubt! Eine große, wichtige Uhr mit allen ihren scharfen Rädern und neugespannten Federn und Zentnergewichten kann wohl ein Glockenspiel von Tönen machen; aber den neugeschaffnen Menschen mit seinen würksamen Triebfedern, mit seinen Bedürfnissen, mit seinen starken Empfindungen, mit seiner fast blind beschäftigten Aufmerksamkeit und endlich mit seiner rohen Kehle dahinsetzen, um die Nachtigall nachzuäffen und sich von ihr eine Sprache zu ersingen, ist, in wie vielen Geschichten der Musik und

Poesie es auch stehe, für mich unbegreiflich. Freilich wäre eine Sprache durch musikalische Töne möglich (wie auch *Leibniz*[19] auf den Gedanken gekommen!), aber für die ersten Naturmenschen war diese Sprache nicht möglich, so künstlich und fein sie ist. In der Reihe der Wesen hat jedes Ding seine Stimme und eine Sprache nach seiner Stimme. Die Sprache der Liebe ist im Nest der Nachtigall süßer Gesang wie in der Höhle des Löwen Gebrüll, im Forste des Wildes wiehernde Brunst und im Winkel der Katze Zetergeschrei; jede Gattung redet die ihrige, nicht für den Menschen, sondern für sich und für sich so angenehm als *Petrarchs* Gesang an seine Laura! Sowenig also die Nachtigall singt, um den Menschen, wie man sich einbildet, vorzusingen: sowenig wird der Mensch sich dadurch je Sprache erfinden wollen, daß er der Nachtigall nachtrillert – und was ist's doch für ein Ungeheuer, eine menschliche Nachtigall in einer Höhle oder im Walde der Jagd? –

War also die erste Menschensprache Gesang: so war's *Gesang, der ihm so natürlich, seinen Organen und Naturtrieben* so angemessen war als der Nachtigallengesang ihr selbst, die gleichsam eine schwebende Lunge ist, und das war – eben unsre tönende Sprache. *Condillac, Rousseau* und andre sind hier halb auf den Weg gekommen, indem sie die Prosodie und den Gesang der ältesten Sprachen vom Geschrei der Empfindung herleiten, und ohne Zweifel belebte Empfindung freilich die ersten Töne und erhob sie; so wie aber aus den bloßen Tönen der Empfindung nie *menschliche* Sprache entstehen konnte, die dieser Gesang doch war, so fehlt noch etwas, ihn hervorzubringen: und das war eben die Namennennung eines jeden Geschöpfs nach seiner Sprache. Da sang und tönte also die ganze Natur vor: und der Gesang des Menschen war ein Konzert aller dieser Stimmen, sofern sie sein Verstand brauchte, seine Empfindung faßte, seine Organe sie ausdrücken konnten – Es ward Gesang, aber weder Nachtigallenlied noch *Leibnizens* musikalische Sprache, noch ein bloßes Empfindungsgeschrei der Tiere: Ausdruck der Sprache aller Geschöpfe, innerhalb der natürlichen Tonleiter der menschlichen Stimme!

Selbst da die Sprache später mehr regelmäßig, eintönig und gereihet wurde, blieb sie noch immer eine Gattung Gesang, wie es die Akzente so vieler Wilden bezeugen; und *daß aus diesem Gesange*, nachher ver-

---

19 »Œuvres philosophiques«, publitées p. Raspe, p. 232.

edelt und verfeinert, *die älteste Poesie und Musik entstanden*, hat jetzt schon mehr als einer bewiesen. Der philosophische Engländer[20], der sich in unserm Jahrhunderte an diesen Ursprung der Poesie und Musik gemacht, hätte am weitesten kommen können, wenn er nicht den Geist der Sprache von seiner Untersuchung ausgeschlossen und minder auf sein System ausgegangen wäre, Poesie und Musik auf *einen* Vereinigungspunkt einzuschließen, auf welchem keine sich recht zeigen kann, als auf den Ursprung von beiden aus der ganzen Natur des Menschen. Überhaupt da die besten Stücke der alten Poesie Reste dieser sprachsingenden Zeiten sind: so sind die Mißkenntnisse, die Veruntreuungen und die schiefen Geschmacksfehler ganz unzählig, die man aus dem Gange der ältesten Gedichte, der griechischen Trauerspiele und Deklamationen herausbuchstabiert hat. Wie viel hätte hier noch ein Philosoph zu sagen, der unter den Wilden, wo noch dies Zeitalter lebt, den Ton gelernt hätte, diese Stücke zu lesen! Sonst und gewöhnlich sieht man immer nur Gewebe des verkehrten Teppichs! disiecti membra poetae! – – Doch ich verlöre mich in ein unermeßliches Feld, wenn ich mich in einzelne Sprachanmerkungen einlassen wollte – also zurück auf den ersten Erfindungsweg der Sprache!

Wie aus Tönen zu Merkmalen, vom Verstande geprägt, Worte wurden, war sehr begreiflich; aber *nicht alle Gegenstände tönen, woher nun für diese Merkworte, bei denen die Seele sie nenne?* woher dem Menschen die Kunst, was nicht Schall ist, in Schall zu verwandeln? Was hat die Farbe, die Rundheit mit dem Namen gemein, der aus ihr so entstehe wie der Name Blöken aus dem Schafe? – Die Verteidiger des übernatürlichen Ursprungs wissen hier gleich Rat: »willkürlich! wer kann's begreifen und im Verstande Gottes nachsuchen, warum grün, grün und nicht blau heißt? Ohne Zweifel hat's ihm so beliebt!«, und damit ist der Faden abgeschnitten! Alle Philosophie über die Erfindungskunst der Sprache schwebt also willkürlich in den Wolken, und für uns ist jedes Wort eine qualitas occulta, etwas Willkürliches! – Nun mag man's nicht übelnehmen, daß ich in diesem Falle das Wort willkürlich nicht begreife. Eine Sprache willkürlich und ohne allen Grund der Wahl aus dem Gehirn zu erfinden, ist wenigstens für eine menschliche Seele, die

---

20 Brown.

zu allem einen, wenn auch nur einigen Grund haben will, solch eine Qual, als für den Körper, sich zu Tode streicheln zu lassen. Bei einem rohen, sinnlichen Naturmenschen überdem, dessen Kräfte noch nicht fein gnug sind, um ins Unnütze hinzuspielen, der, ungeübt und stark, nichts ohne dringende Ursache tut und nichts vergebens tun will, bei dem ist die Erfindung einer Sprache aus schaler, leerer Willkür der ganzen Analogie seiner Natur entgegen: und es ist überhaupt der ganzen Analogie aller menschlichen Seelenkräfte entgegen, eine aus reiner Willkür ausgedachte Sprache.

Also zur Sache. Wie hat der Mensch, seinen Kräften überlassen, sich auch

2. eine Sprache, wo ihm kein Ton vortönte,

erfinden können? Wie hängt Gesicht und Gehör, Farbe und Wort, Duft und Ton zusammen?

Nicht unter sich in den Gegenständen; aber was sind denn diese Eigenschaften in den Gegenständen? Sie sind bloß sinnliche Empfindungen *in uns*, und als solche, fließen sie nicht alle in eins? Wir sind *ein* denkendes sensorium commune, nur von verschiednen Seiten berührt – da liegt die Erklärung.

Allen Sinnen liegt Gefühl zum Grunde, und dies gibt den verschiedenartigsten Sensationen schon ein so inniges, starkes, unaussprechliches Band, daß aus dieser Verbindung die sonderbarsten Erscheinungen entstehen. Mir ist mehr als *ein* Beispiel bekannt, da Personen natürlich, vielleicht aus einem Eindruck der Kindheit, nicht anders konnten, als unmittelbar durch eine schnelle Anwandelung mit diesem Schall jene Farbe, mit dieser Erscheinung jenes ganz verschiedne, dunkle Gefühl verbinden, was durch die Vergleichung der langsamen Vernunft mit ihr gar keine Verwandtschaft hat: denn wer kann Schall und Farbe, Erscheinung und Gefühl vergleichen? Wir sind voll solcher Verknüpfungen der verschiedensten Sinne; nur wir bemerken sie nicht anders als in Anwandlungen, die uns aus der Fassung setzen, in Krankheiten der Phantasie oder bei Gelegenheiten, wo sie außerordentlich merkbar werden. Der gewöhnliche Lauf unsrer Gedanken geht so schnell; die Wellen unsrer Empfindungen rauschen so dunkel ineinander: es ist auf einmal so viel in unsrer Seele, daß wir in Absicht der meisten Ideen wie im Schlummer an einer Wasserquelle sind, wo wir freilich noch das Rauschen jeder Welle hören, aber so dunkel, daß uns endlich der Schlaf alles merkbare Gefühl nimmt. Wäre es möglich, daß wir die Kette unsrer Gedanken anhalten und an jedem Gliede seine Verbindung suchen könnten – welche Sonderbarkeiten! welche fremde Analogien der verschiedensten Sinne, nach denen doch die Seele geläufig handelt! Wir wären alle für ein *bloß* vernünftiges Wesen jener Gattung von Verrückten ähnlich, die klug denken, aber sehr unbegreiflich und albern verbinden!

Bei sinnlichen Geschöpfen, die durch viele verschiedne Sinne auf einmal empfinden, ist diese Versammlung von Ideen unvermeidlich; denn was sind alle Sinne anders als bloße Vorstellungsarten *einer* positiven Kraft der Seele? Wir unterscheiden sie; aber wieder nur durch Sinne; also Vorstellungsarten durch Vorstellungsarten. Wir lernen mit vieler Mühe sie im Gebrauche trennen – in einem gewissen Grunde aber würken sie noch immer zusammen. Alle Zergliederungen der Sensation bei *Buffons, Condillacs* und *Bonnets* empfindendem Menschen sind Abstraktionen: der Philosoph muß *einen* Faden der Empfindung liegenlassen, indem er den andern verfolgt – in der Natur aber sind alle die Fäden *ein* Gewebe! – Je dunkler nun die Sinne sind, desto mehr fließen sie ineinander; und je ungeübter, je weniger man noch gelernt hat, einen ohne den andern zu brauchen, mit Adresse und Deutlichkeit zu brauchen; desto dunkler! – Laßt uns dies auf den Anfang der Sprache anwenden! *Die Kindheit und Unerfahrenheit des menschlichen Geschlechts hat sie erleichtert!*

Der Mensch trat in die Welt hin; von welchem Ozean wurde er auf einmal bestürmt! mit welcher Mühe lernte er unterscheiden! Sinne erkennen! erkannte Sinne allein gebrauchen! Das Sehen ist der kälteste Sinn, und wäre er immer so kalt, so entfernt, so deutlich gewesen, als er's uns durch eine Mühe und Übung vieler Jahre geworden ist: so sehe ich freilich nicht, wie man, was man sieht, hörbar machen könne? Allein die Natur hat dafür gesorgt und den Weg näher angezogen: denn *selbst dies Gesiebt war*, wie Kinder und Blindgewesene zeugen, *anfangs nur Gefühl*. Die meisten sichtbaren Dinge bewegen sich; viele tönen in der Bewegung: wo nicht, so liegen sie dem Auge in seinem ersten Zustande gleichsam näher, unmittelbar auf ihm, und lassen sich also fühlen. Das Gefühl liegt dem Gehör so nahe: seine Bezeichnungen, z. E. *hart, rauh, weich, wollicht, sammet, haaricht, starr, glatt, schlicht, borstig* usw., die doch alle nur Oberflächen betreffen und nicht einmal tief einwürken, *tönen alle, als ob man's fühlte:* die Seele, die im Gedränge solcher zusammenströmenden Empfindungen und in der Bedürfnis war, ein Wort zu schaffen, griff und bekam vielleicht das Wort eines nachbarlichen Sinnes, dessen Gefühl mit diesem zusammenfloß – so wurden für alle und selbst für den kältesten Sinn Worte. Der *Blitz* schallet nicht: wenn er nun aber ausgedrückt werden soll, dieser Bote der Mitternacht!

> Der jetzt im Nu enthüllet Himml und Erd
> Und eh ein Mensch noch sagen kann: Sieh da!
> Schon in den Schlund der Finsternis hinab ist –

natürlich wird's ein Wort machen, das durch Hülfe eines Mittelgefühls dem Ohr die Empfindung des Urplötzlichschnellen gibt, die das Auge hatte – *Blitz!* – Das Wort: *Duft, Ton, süß, bitter, sauer* usw. tönen alle, als ob man fühlte: denn was sind ursprünglich alle Sinne anders als Gefühl? – Wie aber Gefühl sich in Laut äußern könne, das haben wir schon im ersten Abschnitte als ein unmittelbares Naturgesetz der empfindenden Maschine angenommen, das wir weiter nicht erklären mögen!

Und so führen sich alle Schwürigkeiten auf folgende zwei erwiesene deutliche Sätze zurück.

1. *Da alle Sinne nichts als Vorstellungsarten der Seele sind: so habe sie nur deutliche Vorstellung: mithin Merkmal, mit dem Merkmal hat sie innere Sprache.*

2. *Da alle Sinne, insonderheit im Zustande der menschlichen Kindheit, nichts als Gefühlsarten einer Seele sind, alles Gefühl aber nach einem Empfindungsgesetz der tierischen Natur unmittelbar seinen Laut hat; so werde dies Gefühl nur zum Deutlichen eines Merkmals erhöht: so ist das Wort zur äußern Sprache da*. Hier kommen wir auf eine Menge sonderbarer Betrachtungen, wie *die Weisheit der Natur den Menschen durchaus dazu organisiert hat, um sich selbst Sprache zu erfinden*. Hier ist die Hauptbemerkung:

»Da der Mensch bloß durch das Gehör die Sprache der lehrenden Natur empfängt und ohne das die Sprache nicht erfinden kann: so ist Gehör auf gewisse Weise der Mittlere seiner Sinne, die eigentliche Tür zur Seele und das Verbindungsband der übrigen Sinne geworden.« Ich will mich erklären!

1. Das Gehör ist der mittlere der menschlichen Sinne, *an Sphäre der Empfindbarkeit von außen.* Gefühl empfindet alles nur in sich und in seinem Organ; das Gesicht wirft uns große Strecken weit aus uns hinaus: das Gehör steht an Grad der Mitteilbarkeit in der Mitte. Was das für die Sprache tut? Setzet ein Geschöpf, selbst ein vernünftiges Geschöpf, dem das Gefühl Hauptsinn wäre (im Fall dies möglich ist!), wie klein ist seine Welt! und da es diese nicht durchs Gehör empfindet, so wird es sich wohl vielleicht wie das Insekt ein Gewebe, aber nicht durch Töne eine Sprache bauen! Wiederum ein Geschöpf, ganz Auge – wie unerschöpflich ist die Welt seiner Beschauungen! wie unermeßlich weit wird es aus sich geworfen! in welche unendliche Mannigfaltigkeit zerstreuet! Seine Sprache (wir haben davon keinen Begriff!) würde eine Art unendlich feiner Pantomime; seine Schrift eine Algebra durch Farben und Striche werden – aber tönende Sprache nie! Wir hörende Geschöpfe stehn in der Mitte: wir sehen, wir fühlen; aber die gesehene, gefühlte Natur tönet! Sie wird Lehrmeisterin zur Sprache durch Töne! Wir werden gleichsam Gehör durch alle Sinne!

Lasset uns die Bequemlichkeit unsrer Stelle fühlen – *dadurch wird jeder Sinn sprachfähig.* Freilich gibt Gehör nur eigentlich Töne, und der Mensch kann nichts erfinden, sondern nur finden, nur nachahmen; allein auf der einen Seite liegt das Gefühl nebenan: auf der andern ist das Gesicht der nachbarliche Sinn: die Empfindungen vereinigen sich und kommen also alle der Gegend nahe, wo Merkmale zu Schällen werden. So wird, was man sieht, so wird, was man fühlt, auch tönbar. *Der Sinn zur Sprache ist unser Mittel- und Vereinigungssinn geworden; wir sind Sprachgeschöpfe.*

2. Das Gehör ist der mittlere unter den Sinnen *an Deutlichkeit* und *Klarheit;* und also wiederum *Sinn zur Sprache.* Wie dunkel ist das Gefühl! es wird übertäubt! es empfindet alles ineinander. Da ist mit Mühe ein Merkmal der Anerkennung abzusondern: es wird unaussprechlich!

Wiederum das Gesicht ist so helle und überglänzend, es liefert eine solche Menge von Merkmalen, daß die Seele unter der Mannigfaltigkeit erliegt und etwa eins nur so schwach absondern kann, daß die Wiedererkennung daran schwer wird. Das Gehör ist in der Mitte. Alle ineinander fallende dunkle Merkmale des Gefühls läßt's liegen! alle zu feine

Merkmale des Gesichts auch! aber da reißt sich vom betasteten, betrachteten Objekt ein Ton los? In den sammlen sich die Merkmale jener beiden Sinne – der wird Merkwort! Das Gehör greift also von beiden Seiten um sich: macht klar, was zu dunkel, macht angenehmer, was zu helle war: bringt in das dunkel Mannigfaltige des Gefühls mehr Einheit und in das zu hell Mannigfaltige des Gesichts auch: *und da diese Anerkennung des Mannigfaltigen durch eins, durch ein Merkmal, Sprache wird, ist's Organ der Sprache.*

3. Das Gehör ist der mittlere Sinn in Ansehung *der Lebhaftigkeit* und also Sinn der Sprache. Das Gefühl überwältigt; das Gesicht ist zu kalt und gleichgültig; jenes dringt zu tief in uns, als daß es Sprache werden könnte; dies bleibt zu ruhig vor uns. Der Ton des Gehörs dringt so innig in unsre Seele, daß er Merkmal werden muß; aber noch nicht so übertäubend, daß er nicht klares Merkmal werden könnte – das ist Sinn der Sprache.

Wie kurz, ermüdend und unausstehlich wäre die Sprache jedes gröbern Sinnes für uns! wie verwirrend und kopfleerend für uns die Sprache des zu feinen Gesichts! Wer kann immer schmecken, fühlen und riechen, ohne nicht bald, wie *Pope* sagt, einen aromatischen. Tod zu sterben? und wer immer mit Aufmerksamkeit ein Farbenklavier begaffen, ohne nicht bald zu erblinden? Aber hören, gleichsam hörend Worte denken, können wir länger und fast immer – *das Gehör ist für die Seele, was die grüne, die Mittelfarbe, fürs Gesiebt ist. Der Mensch ist zum Sprachgeschöpfe gebildet.*

4. Das Gehör ist der mittlere Sinn in Betracht *der Zeit, in der es würkt*, und also Sinn der Sprache. Das Gefühl wirft alles auf einmal in uns hin: es regt unsre Saiten stark, aber kurz und springend; das Gesicht stellt uns alles auf *einmal* vor, und schreckt also den Lehrling durch die unermeßliche Tafel des *Nebeneinander* ab. *Durchs Gehör, sehet! wie uns die Lehrmeisterin der Sprache schonet!* Sie zählt uns *nur einen Ton nach dem andern* in die Seele. gibt und ermüdet nie, gibt und hat immer mehr zu geben – sie übet also das ganze Kunststück der Methode: *sie lehret progressiv!* Wer könnte da nicht Sprache fassen? sich Sprache erfinden?

5. Das Gehör ist der mittlere Sinn in Absicht des *Bedürfnisses, sich auszudrücken*, und also Sinn der Sprache. Das Gefühl würkt unaussprechlich dunkel; allein *um so weniger darf's ausgesprochen werden* – es geht

so sehr unser Selbst an! es ist so eigennützig und in sich gesenkt! – –
Das Gesicht ist für den Spracherfinder unaussprechlich; allein was
braucht's sogleich ausgesprochen zu werden? Die Gegenstände bleiben!
sie lassen sich durch Winke zeigen! *Die Gegenstände des Gehörs aber
sind mit Bewegung verbunden: sie streichen vorbei;* eben dadurch aber
tönen sie auch. Sie werden aussprechlich, weil sie ausgesprochen werden
müssen, und dadurch, daß sie ausgesprochen werden *müssen, durch
ihre Bewegung, werden sie aussprechlich* – welche Fähigkeit zur Sprache!

6. Das Gehör ist der mittlere Sinn *in Absicht seiner Entwicklung,* und
also Sinn der Sprache. Gefühl ist der Mensch ganz: der Embryon in
seinem ersten Augenblick des Lebens fühlet wie der Junggeborne: das
ist Stamm der Natur, aus dem die zartem Aste der Sinnlichkeit wachsen,
und der verflochtne Knäuel, aus dem sich alle feinere Seelenkräfte entwickeln. Wie entwickeln sich diese? wie wir gesehen, durchs Gehör, da
die Natur die Seele zur ersten *deutlichen* Empfindung durch Schälle
wecket – also gleichsam aus dem dunkeln Schlaf des Gefühls wecket:
und zu noch feinerer Sinnlichkeit reifet. Wäre z.B. das Gesicht schon
vor ihm entwickelt da oder wäre es möglich, daß es anders als durch
den Mittelsinn des Gehörs aus dem Gefühl erwecket wäre – welche
weise Armut! welche hellsehende Dummheit! Wie schwürig würde es
einem solchen Geschöpf, ganz Auge!, wenn es doch Mensch sein sollte,
das, was es sähe, zu benennen! das kalte Gesicht mit dem warmem
Gefühl, mit dem ganzen Stamme der Menschheit zu einverbinden! –
Doch die Instanz selbst wird widersprechend: der Weg zu Entwicklung
der menschlichen Natur – ist besser und einzig! Da alle Sinne zusammenwürken, sind wir durchs Gehör gleichsam immer in der Schule der
Natur, lernen abstrahieren und zugleich sprechen; das Gesicht verfeinert
sich mit der Vernunft: Vernunft und die Gabe der Bezeichnung, und
so, wenn der Mensch zu der feinsten Charakteristik sichtlicher Phänomene kommt – welch ein Vorrat von Sprache und Sprachähnlichkeiten
liegt schon fertig! Er nahm den Weg aus dem Gefühl in den Sinn seiner
Phantasmen nicht anders als über den Sinn der Sprache und hat also
gelernt tönen, sowohl was er siehet als was er fühlte.

Könnte ich nun hier alle Enden zusammennehmen und mit einmal
das Gewebe sichtbar machen, was menschliche Natur heißt: durchaus
ein Gewebe zur Sprache. Dazu, sahen wir, war dieser positiven Denkkraft Raum und Sphäre erteilet: dazu ihr Stoff und Materie abgewogen:

dazu Gestalt und Form geschaffen: dazu endlich Sinne organisiert und gereihet – zu Sprache! Darum denkt der Mensch nicht heller, nicht dunkler; darum sieht und fühlt er nicht schärfer, nicht länger, nicht lebhafter: darum hat er diese, nicht mehr und nicht andre Sinne – alles wiegt gegeneinander! ist ausgespart und ersetzt! mit Absicht angelegt und verteilt! Einheit und Zusammenhang! Proportion und Ordnung! Ein Ganzes! Ein System! ein Geschöpf von Besonnenheit und Sprache, von Besinnung und Sprachschaffung! Wollte jemand, nach allen Beobachtungen, noch diese Bestimmung zum Sprachgeschöpfe leugnen, der müßte aus dem Beobachter der Natur erst ihr Zerstörer werden! alle angezeigte Harmonien in Mißtöne zerreißen, das ganze Prachtgebäude der menschlichen Kräfte in Trümmern schlagen, seine Sinnlichkeit verwüsten und statt des Meisterstücks der Natur ein Geschöpf fühlen, voll Mängel und Lücken, voll Schwächen und Konvulsionen! Und wenn denn nun auf der andern Seite die Sprache auch genauso ist, wie sie nach dem Grundriß und der Wucht des vorigen Geschöpfes hat entstehen müssen? –

– – – Ich gehe das letzte zu beweisen, obgleich hier mir noch ein sehr angenehmer Spaziergang vorläge, es nach den Regeln der *Sulzerschen* Theorie des Vergnügens zu berechnen, was eine Sprache durchs Gehör für uns für Vorzüge und Annehmlichkeiten für der Sprache andrer Sinne hätte? – – Der Spaziergang führte aber zu weit; und man muß ihm entsagen, wenn noch die Hauptstraße zu sichern und zu berichtigen weit vorliegt. – Also erstlich

I. »Je älter und ursprünglicher die Sprachen sind: desto mehr wird diese Analogie der Sinne in ihren Wurzeln merklich!«

Wenn wir in spätern Sprachen den Zorn schon als Phänomenen des Gesichts oder als Abstraktum in den Wurzeln charakterisieren, z. E. durch das Funkeln der Augen, das Glühen der Wangen usw., und ihn also nur sehen oder denken: so höret ihn der Morgenländer! Höret ihn schnauben! höret ihn brennenden Rauch und stürmende Funken sprühen! Das ward Stamm des Worts: die Nase Sitz des Zorns: das ganze Geschlecht der Zornwörter und Zornmetaphern schnauben ihren Ursprung.

Wenn uns das *Leben* sich durch Pulsschlag, durch Wallen und feine Merkmale auch in der Sprache äußert: so offenbare es sich jenem laut othmend. Der Mensch lebte, da er hauchte; starb, da er aushauchte:

und man hört die Wurzel des Worts wie den ersten belebten Adam hauchen.

Wenn wir das *Gebären* nach unsrer Art charakterisieren: so hört jener auch in den Benennungen Geschrei der Mutterangst oder bei Tieren das Ausschütteln eines Fruchtschlauches: um diese Mittelidee – wenden sich seine Bilder!

Wenn wir im Wort *Morgenröte* etwa das Schöne, Glänzende, Frische dunkel hören: so fühlt der harrende Wandrer in Orient auch in der Wurzel des Worts *den ersten, schnellen, erfreulichen Lichtstrahl*, den unsereiner vielleicht nie gesehen, wenigstens nie mit dem Gefühl gefühlet. – Die Beispiele aus den alten und wilden Sprachen werden unzählig, wie herzlich und starkempfindend sie aus Gehör und Gefühl charakterisieren, und *ein Werk von der Art, was so recht das Grundgefühl solcher Ideen bei verschiednen Völkern aufsuchte, wäre eine völlige Demonstration für meinen Satz* und für die menschliche Erfindung der Sprache.

II. »Je älter und ursprünglicher die Sprachen sind, desto mehr durchkreuzen sich auch die Gefühle in den Wurzeln der Wörter!«

Man schlage das erste beste morgenländische Wörterbuch auf, und man wird den Drang sehen, sich ausdrücken zu wollen! Wie der Erfinder Ideen aus *einem* Gefühl hinausriß und für ein anderes borgte! wie er bei den schwersten, kältesten, deutlichsten Sinnen am meisten borgte! wie alles Gefühl und Laut werden mußte, um Ausdruck zu werden! Daher die starken kühnen Metaphern in den Wurzeln der Worte! daher die Übertragungen aus Gefühl in Gefühl, so daß die Bedeutungen eines Stammworts und noch mehr seiner Abstammungen, gegeneinander gesetzt, das buntscheckigste Gemälde werden. Die genetische Ursache liegt in der Armut der menschlichen Seele und im Zusammenfluß der Empfindungen eines rohen Menschen. Man sieht sein Bedürfnis, sich auszudrücken, so deutlich: man sieht's in immer größerm Maß, je weiter die Idee vom Gefühl und Ton in der Empfindung weglag, daß man nicht mehr an der Menschlichkeit des Ursprungs der Sprache zweifeln darf. Denn wie wollen die Verfechter einer andern Entstehung diese Durchwebung der Ideen in den Wurzeln der Wörter erklären? War Gott so ideen- und wortarm, daß er zu dergleichen verwirrendem Wortgebrauch seine Zuflucht nehmen mußte? oder war er so sehr Liebhaber von Hyperbolen, ungereimten Metaphern, daß er diesen Geist bis in die Grundwurzeln seiner Sprache prägte?

Die sogenannte göttliche Sprache, die ebräische, ist von diesen Kühnheiten ganz geprägt, so daß der Orient auch die Ehre hat, sie mit seinem Namen zu bezeichnen; allein daß man doch ja nicht diesen Metapherngeist asiatisch nenne, als wenn er sonst nirgend anzutreffen wäre! *In allen wilden Sprachen lebt er*; nur freilich in jeder nach Maß der Bildung der Nation und nach Eigenheit ihrer Denkart. Ein Volk, das seine Gefühle nicht viel und nicht scharf unterschied: ein Volk, das nicht Herz gnug hatte, sich auszudrücken und Ausdrücke mächtig zu rauben – wird auch wegen Nuancen des Gefühls weniger verlegen sein oder sich mit schleichenden Halbausdrücken behelfen. Eine feurige Nation offenbart ihren Mut in solchen Metaphern, sie mag in Orient oder Nordamerika wohnen; die aber in ihrem tiefsten Grunde die meisten solcher Verpflanzungen zeigt, deren Sprache ist voraus die ärmste, die älteste, die ursprünglichste gewesen, und die war ohne Zweifel in Orient.

Man siehet, wie schwer bei einer solchen Sprache ein wahres Etymologikon sein müsse? Die so verschiedne Bedeutungen *eines* Radicis, die in einer Stammtafel abgeleitet und auf ihren Ursprung zurückgeführt werden sollen, sind nur durch so dunkle Gefühle, durch flüchtige Nebenideen, durch Mitempfindungen verwandt, die aus dem Grunde der Seele steigen und wenig in Regeln gefasset werden können! Ihre Verwandtschaften sind ferner so national, so sehr nach der eignen Denk- und Sehart des Volks, des Erfinders, in dem Lande, in der Zeit, in den Umständen, daß sie von einem Nord- und Abendländer unendlich schwer zu treffen sind und in langen, kalten Umschreibungen unendlich leiden müssen. Da sie ferner von der Not erzwungen und im Affekt, im Gefühl, in der Verlegenheit des Ausdrucks erfunden wurden – welch ein Glück gehört dazu, dasselbe Gefühl zu treffen? und endlich, da im Wörterbuche von der Art die Wörter und die Bedeutungen eines Worts aus so verschiednen Zeiten, Anlässen und Denkarten gesammlet werden sollen und sich also diese augenblickliche Bestimmungen ins Unendliche vermehren – wie vervielfältigt sich da die Mühe! Welch ein Scharfsinn, in diese Umstände und Bedürfnisse einzudringen, und welche Mäßigung, bei den Auslegungen verschiedner Zeiten darin maßzuhalten! Welche Kenntnis und Biegsamkeit der Seele gehört dazu, sich so ganz diesen rohen Witz, diese kühne Phantasie, dies Nationalgefühl fremder Zeiten zu geben und es nach den unsrigen zu modernisieren! Aber eben damit würde auch nicht bloß in die Geschichte, Denkart und Literatur des Landes, sondern *überhaupt in die dunkle Gegend der menschlichen Seele eine Fackel getragen, wo sich die Begriffe durchkreuzen und verwickeln! wo die verschiedenste Gefühle einander erzeugen; wo eine dringende Gelegenheit alle Kräfte der Seele aufbietet* und *die ganze Erfindungskunst, der sie fähig ist, zeiget.* Jeder Schritt wäre in einem solchen Werk Entdeckung! und jede neue Bemerkung der vollständigste Beweis von der Menschlichkeit des Ursprungs der Sprache.

Schultens hat sich an der Entwicklung einiger solchen Originum der *hebräischen Sprache* Ruhm erworben: *jede Entwicklung ist eine Probe meiner Regel:* ich glaube aber, vieler Ursachen wegen, nicht, daß die Origines der ersten menschlichen Sprache, wenn es auch die Hebräische wäre, je vollständig entwickelt werden können – –

Ich folge noch eine Anmerkung, die zu allgemein und wichtig ist, um übergangen zu werden. Der Grund der kühnen Wortmetaphern lag in der ersten Empfindung; aber wie? wenn spät nachher, wenn schon alles Bedürfnis weggefallen ist, aus bloßer Nachahmungssucht oder Liebe zum Altertum dergleichen Wort- und Bildergattungen bleiben? und gar noch ausgedehnt und erhöhet werden? Denn, o denn wird der erhabne Unsinn, das aufgedunsne Wortspiel daraus, was es im Anfang eigentlich nicht war. Dort war's kühner, männlicher Witz, der denn vielleicht am wenigsten spielen wollte, wenn er am meisten zu spielen schien! es war rohe Erhabenheit der Phantasie, die solch Gefühl in solchem Worte herausarbeitete; aber nun im Gebrauche schaler Nachahmer, ohne solches Gefühl, ohne solche Gelegenheit – ach! Ampullen von Worten ohne Geist! und das ist das Schicksal aller derer Sprachen in spätern Zeiten gewesen, deren erste Formen so kühn waren. Die spätern französischen Dichter können sich nicht versteigen, weil die ersten Erfinder ihrer Sprache sich nicht verstiegen haben: ihre ganze Sprache ist Prose der gesunden Vernunft und hat ursprünglich fast kein poetisches Wort, das dem Dichter eigen wäre; aber die Morgenländer? die Griechen? die Engländer? und wir Deutschen?

Daraus folgt: daß je älter eine Sprache ist, je mehr solcher Kühnheiten in ihren Wurzeln ist, hat sie lange gelebt, sich lange fortgebildet, um so weniger muß man auf jede Kühnheit des Ursprungs losdringen, als wenn jeder dieser sich durchkreuzenden Begriffe auch *jedesmal in jedem späten Gebrauch* mitgedacht worden wäre. Die Metapher des Anfangs war Drang zu sprechen; nimmt man's nachher in jedem Fall, wo das Wort schon geläufig geworden war und seine Schärfe abgenutzt hatte, für Fruchtbarkeit und Energie, als solche Sonderbarkeiten zu verbinden – was für klägliche Beispiele wimmern da in ganzen Schulen der morgenländischen Sprachen!

Noch eins. Wenn gar an solchen kühnen Wortkämpfen, an solchen Versetzungen der Gefühle in *einen* Ausdruck, an solchen Durchkreuzungen der Ideen ohne Regel und Richtschnur – gewisse feine Begriffe eines Dogma, eines Systems kleben – oder daran geheftet werden – oder daraus untersucht werden sollen; – Himmel! wie wenig waren diese Wortversuche einer werdenden oder frühgewordnen Sprache Definitionen eines Systems, und wie oft kommt man in den Fall, Wortidole zu schaffen, an die der Erfinder oder der spätere Gebrauch nicht dachte! – – Doch solche Anmerkungen wären unendlich: ich gehe zu einem neuen Kanon:

III. »Je ursprünglicher eine Sprache ist, je häufiger solche Gefühle sich in ihr durchkreuzen, desto weniger können diese sich genau und logisch untergeordnet sein. Die Sprache ist reich an Synonymen: bei aller wesentlichen Dürftigkeit hat sie den größten unnötigen Überfluß.«

Die Verteidiger des göttlichen Ursprunges, die in allem göttliche Ordnung zu finden wissen, können ihn hier schwerlich finden und leugnen die Synonyme[21] – Sie leugnen? wohlan nun, laß es sein, daß unter den 50 Wörtern, die der Araber für den Löwen, unter den 200, die er für die Schlange, unter den 80, die er für den Honig, und mehr als 1000, die er fürs Schwert hat, sich feine Unterschiede finden oder gefunden hätten, die aber verlorengegangen wären – warum waren sie da, wenn sie verlorengehen mußten? Warum erfand Gott einen unnötigen Wortschatz, den nur, wie die Araber sagen, ein göttlicher Prophet in seinem ganzen Umfange fassen konnte? erfand er ins Leere der Vergessenheit? Vergleichungsweise aber sind diese Worte doch immer Synonymen, in Betracht der vielen andern Ideen, für die Wörter gar mangeln – nun entwickle man doch darin göttliche Ordnung, daß Er, der den Plan der Sprache übersahe, für den Stein 70 Wörter erfand und für alle so nötige Ideen, innerliche Gefühle, und Abstraktionen keine? daß er dort mit unnötigem Überfluß überhäufte, hier in der

---

21 Süßmilch, § 9.

größten Dürftigkeit ließ, zu stehlen, Metaphern zu usurpieren, halben Unsinn zu reden usw.

Menschlich erklärt sich die Sache von selbst. So uneigentlich schwere, seltne Ideen ausgedrückt werden mußten: *so häufig konnten's die vorliegenden und leichten.* Je unbekannter man mit der Natur war; von je mehrern Seiten man sie aus Unerfahrenheit ansehen und kaum wiedererkennen konnte; je weniger man a priori, sondern nach sinnlichen Umständen erfand: desto mehr Synonyme! Je mehrere erfanden, je umherirrender und abgetrennter sie erfanden, und doch nur meistens in *einem* Kreise für einerlei Sachen erfanden; wenn sie nachher zusammenkamen, wenn ihre Sprachen in einen Ozean von Wörterbuch flossen: desto mehr Synonyme! Verworfen konnten alle nicht werden; denn welche sollten's? sie waren bei diesem Stamm, bei dieser Familie, bei diesem Dichter bräuchlich; es ward also, wie jener arabische Wörterbuchschreiber sagt, da er 400 Wörter von Elend aufgezählt hatte, das vierhunderteste Elend, die Wörter des Elends aufzählen zu müssen. Eine solche Sprache ist reich, weil sie arm ist, weil ihre Erfinder noch nicht Plan gnug hatten, arm zu werden – und *der* müßige Erfinder eben der unvollkommensten Sprache wäre Gott?

Die Analogien aller wilden Sprachen bestätigen meinen Satz: jede ist auf ihre Weise verschwenderisch und dürftig: nur jede auf eigne Art. Wenn der Araber für Stein, Kamel, Schwert, Schlange (Dinge, unter denen er lebt!) so viel Wörter hat, so ist die *ceylanische* Sprache, den Neigungen ihres Volks gemäß, reich an Schmeicheleien, Titeln und Wortgepränge. Für das Wort »Frauenzimmer« hat sie nach Stand und Range zwölferlei Namen, da selbst wir unhöfliche Deutsche z. E. hierin von unsern Nachbarn borgen müssen. Nach Stand und Range wird das Du und Ihr auf achterlei Weise gegeben, und das sowohl vom Tagelöhner als vom Hofmanne: der Wust ist Form der Sprache. In *Siam* gibt es achterlei Manieren, *ich* und *wir* zu sagen, nachdem der Herr mit dem Knechte oder der Knecht mit dem Herrn redet. Die Sprache der wilden *Kariben* ist beinahe in zwei Sprachen, der Weiber und Männer verteilt, und die gemeinsten Sachen: Bette, Mond, Sonne, Bogen benennen beide anders; welch ein Überfluß von Synonymen! Und doch haben ebendiese Kariben nur vier Wörter für die Farben, auf die sie alle andre beziehen müssen – welche Armut! – Die *Huronen* haben jedesmal ein doppeltes Verbum für eine beseelte und unbeseelte Sache: so daß

Sehen bei »einen Stein sehen« und Sehen bei »einen Menschen sehen« immer zween verschiedne Ausdrücke sind – man verfolge das durch die ganze Natur – welch ein Reichtum! »Sich seines Eigentums bedienen« oder »des Eigentums dessen, mit dem man redet« hat immer zwei verschiedne Wörter – welch ein Reichtum! – In der *peruanischen* Hauptsprache nennen sich die Geschlechter so sonderbar abgetrennt, daß die Schwester des Bruders und die Schwester der Schwester, das Kind des Vaters und der Mutter ganz verschieden heißt, und doch hat ebendiese Sprache keinen wahren Pluralis! – Jede dieser Synonymien hängt so sehr mit Sitte, Charakter und Ursprung des Volks zusammen; *überall aber charakterisiert sich der erfindende menschliche Geist.* – Ein neuer Kanon:

IV. »So wie die menschliche Seele sich keiner Abstraktion aus dem Reiche der Geister erinnern kann, zu der sie nicht durch Gelegenheiten und Erweckungen der Sinne gelangte: so hat auch keine Sprache ein Abstraktum, zu dem sie nicht durch Ton und Gefühl gelangt wäre. Und je ursprünglicher die Sprache, desto weniger Abstraktionen, desto mehr Gefühle.« Ich kann in diesem unermeßlichen Felde wieder nur Blumen brechen:

Der ganze Bau der morgenländischen Sprachen zeuget, daß alle ihre Abstrakta voraus Sinnlichkeiten gewesen: der *Geist* war Wind, Hauch, Nachtsturm! *Heilig* hieß abgesondert, einsam; die *Seele* hieß der Othem; der *Zorn* das Schnauben der Nase usw. Die allgemeinem Begriffe wurden ihr also erst später durch Abstraktion, Witz, Phantasie, Gleichnis, Analogie usw. angebildet – im tiefsten Abgrunde der Sprache liegt keine einzige!

Bei allen Wilden findet dasselbe nach Maß der Kultur statt. In der Sprache von *Barantola* wußte man nicht *heilig* und bei den *Hottentotten* nicht das Wort *Geist* zu finden. Alle Missionarien in allen Weltteilen klagen über die Schwürigkeit, christliche Begriffe den Wilden in ihren Sprachen mitzuteilen, und doch dürften diese Mitteilungen ja nimmer eine scholastische Dogmatik, sondern nur die gemeinen Begriffe des gemeinen Verstandes sein. Wenn man hie und da Proben dieses Vertrages unter den Wilden, auch nur unter den ungebildeten Sprachen Europens, z. E. der lappländischen, finnischen, estnischen, übersetzt lieset und die Sprachlehren und Wörterbücher dieser Völker siehet: so werden die Schwürigkeiten offenbar.

Will man den Missionarien nicht glauben: so lese man die Philosophen, *de la Condamine* in Peru und am Amazonenstrome, *Maupertuis* in Lappland usw. *Zeit, Dauer, Raum, Wesen, Stoff, Körper, Tugend, Gerechtigkeit, Freiheit, Erkenntlichkeit* – sind im Munde der Peruaner nicht, wenn sie gleich mit ihrer Vernunft oft zeigen, daß sie nach diesen Begriffen schließen, und mit ihren Taten zeigen, daß sie die Tugenden haben. *Solange sie die Idee nicht als Merkmal sich deutlich gemacht: so haben sie dazu kein Wort.*

Wo also solche Worte in die Sprache hineingekommen, siehet man ihnen offenbar ihren Ursprung an. Die Kirchensprache der *russischen* Nation ist meistens *griechisch:* die christlichen Begriffe der *Letten* sind deutsche Worte, oder deutsche Begriffe *lettisiert.* Der *Mexikaner,* der seinen *armen Sünder* ausdrücken will, malt ihn wie einen Knienden, der Ohrenbeicht ableget, und seine *Dreieinigkeit* wie drei Gesichte mit Scheinen. Man weiß, auf welchen Wegen die meisten Abstraktionen in unsre wissenschaftliche Sprache gekommen sind, in Theologie und Rechtsgelehrsamkeit, in Philosophie und andre. Man weiß, wie oft Scholastiker und Polemiker nicht einmal mit Worten ihrer Sprache streiten konnten, und also Streitgewehr (Hypostasis und Substanz, ὁμοούσιος und ὁμοιούσιος) aus denen Sprachen herüberholen mußten, in denen die Begriffe abstrahiert, in denen das Streitgewehr geschärft war! Unsre ganze Psychologie, so verfeinert und bestimmt sie ist, hat kein eigentliches Wort.

Dies ist so wahr, daß es sogar Schwärmern und Entzückten nicht möglich ist, ihre neue Geheimnisse aus der Natur, aus Himmel und Hölle anders als durch Bilder und sinnliche Vorstellungen zu charakterisieren. *Schwedenborg* konnte seine Engel und Geister nicht anders als aus allen Sinnen *zusammenwittern,* und der erhabne *Klopstock* – jenem die größeste Antithese! – seinen Himmel und Hölle nicht anders als aus sinnlichen Materialien bauen. Der *Neger* wittert sich seine Götter vom Gipfel der Bäume herunter, und der *Chingulese* erhört sich seinen Teufel aus dem Geklatsche der Wälder. Ich bin einigen dieser Abstraktionen unter verschiednen Völkern, in verschiednen Sprachen nachgeschlichen und habe die *sonderbarsten Erfindungskunstgriffe des menschlichen Geistes wahrgenommen;* der Gegenstand ist viel zu groß; der Grund ist immer derselbe. *Wenn der Wilde denkt, daß dies Ding einen Geist hat: so muß ein sinnliches Ding dasein, aus dem er sich den*

Geist abstrahiert. Nur hat die Abstraktion ihre sehr verschiedne Arten, Stufen und Methoden. Das leichteste Beispiel, daß keine Nation in ihrer Sprache mehr und andre Wörter habe, als sie abstrahieren gelernt, sind die ohne Zweifel sehr leichte Abstraktionen, die *Zahlen.* Wie wenige haben die meisten Wilden, so reich, vortrefflich und ausgebildet ihre Sprachen sein mögen! nie mehr, als sie brauchten. Der handelnde Phönizier war der erste, der die Rechenkunst erfand; der seine Herde überzählende Hirte lernt auch zählen; die Jagdnationen, die nie vielzählige Geschäfte haben, wissen eine Armee nicht anders zu bezeichnen als wie Haare auf dem Haupt! wer mag sie zählen? wer, der nie so weit hinauf gezählt hat, hat dazu Worte?

Ist's möglich, von allen diesen Spuren des wandelnden, sprachschaffenden Geistes wegzusehen und Ursprung in den Wolken zu suchen? Was hat man für einen Beweis von einem einzigen Worte, was nur Gott erfinden konnte? Existiert in irgendeiner Sprache nur ein einziger reiner, allgemeiner Begriff, der dem Menschen vom Himmel gekommen? wo ist er auch nur möglich?[22] – Und was für 1000000 Gründe und Analogien und Beweise von der Genesis der Sprache in der menschlichen Seele, nach den menschlichen Sinnen und Seharten! Was für Beweise von der Fortwandrung der Sprache mit der Vernunft und ihrer Entwicklung aus derselben unter allen Völkern, Weltgürteln und Umständen! welches Ohr ist, das diese allgemeine Stimme der Nationen nicht höre?

Und doch seh ich mit Verwunderung, daß Hr. *Süßmilch* sich wieder mit mir begegne und auf dem Wege göttliche Ordnung finde, wo ich die allermenschlichste entdecke.[23] »Daß man noch zur Zeit keine Sprache entdeckt hat, die ganz zu Künsten und Wissenschaften ungeschickt gewesen«, was zeugt denn das anders, als daß keine Sprache *viehisch,* daß sie alle *menschlich* sind? Wo hat man denn einen Menschen entdeckt, der ganz zu Künsten und Wissenschaften ungeschickt wäre, und war das ein Wunder? oder nicht eben die gemeinste Sache, weil er Mensch war? »Alle Missionarien haben mit den wildesten Völ-

---

22 Die beste Abhandlung, die ich über diese Materie kenne, ist eines Engländers; »Things Divine and Supernatural Conceived by Analogy with Things Natural and Human«, Lond. 1755. By the author of »The Procedure, Extent und Limits of Human Understanding«.

23 Süßmilch, § 11.

kern reden und sie überzeugen können: das konnte ohne Schlüsse und Gründe nicht geschehen: ihre Sprachen mußten also terminos abstractos enthalten usw.« Und wenn das, so war's göttliche Ordnung? oder war es nicht eben die menschlichste Sache, sich Worte zu abstrahieren, wo man sie brauchte? Und welches Volk hat je eine einzige Abstraktion in seiner Sprache gehabt, die es sich nicht selbst erworben? Und waren denn bei allen Völkern gleich viel? Konnten die Missionarien sich überall gleich leicht ausdrucken, oder hat man nicht das Gegenteil aus allen Weltteilen gelesen? Und wie druckten sie sich denn aus, als daß sie ihre neuen Begriffe der Sprache nach Analogie derselben anbogen? Und geschähe dies überall auf gleiche Art? – Über das Faktum wäre so viel, so viel zu sagen! der Schluß sagt gar das Gegenteil. *Eben weil die menschliche Vernunft nicht ohne Abstraktion sein kann und jede Abstraktion nicht ohne Sprache wird: so muß die Sprache auch in jedem Volk Abstraktionen enthalten,* das ist, ein Abdruck der Vernunft sein, von der sie ein Werkzeug gewesen. *Wie aber jede nur soviel enthält, als das Volk hat machen können, und keine einzige, die ohne Sinne gemacht wäre,* als welches ihr ursprünglich sinnlicher Ausdruck zeigt: so ist *nirgends göttliche Ordnung zu sehen,* als – sofern die Sprache durchaus menschlich ist.

V. Endlich: »da jede Grammatik nur eine Philosophie über die Sprache und eine Methode ihres Gebrauchs ist, so muß, je ursprünglicher die Sprache, desto weniger Grammatik in ihr sein, und die älteste ist bloß das vorangezeigte Wörterbuch der Natur!« Ich reiße einige Steigerungen ab.

1. *Deklinationen und Konjugationen sind nichts anders als Verkürzungen und Bestimmungen des Gebrauchs* der Nominum und Verborum nach Zahl, Zeit und Art und Person. Je roher also eine Sprache, desto unregelmäßiger ist sie in diesen Bestimmungen und zeigt bei jedem Schritte den Gang der menschlichen Vernunft. Hintenan ohne Kunst des Gebrauchs ist sie simples Wörterbuch.

2. Wie Verba einer Sprache eher sind als die von ihnen rund abstrahierten Nomina: *so auch anfangs um so mehr Konjugationen, je weniger man Begriffe untereinander zu ordnen gelernt hat.* Wie viel haben die Morgenländer! und doch sind's eigentlich keine, denn was gibt's noch immer für Verpflanzungen und Umwerfungen der Verborum aus Konjugation in Konjugation! Die Sache ist ganz natürlich. Da nichts

den Menschen so angeht und wenigstens so sprachartig ihn trifft, als was er erzählen soll. Taten, Handlungen, Begebenheiten: so müssen sich ursprünglich eine solche Menge Taten und Begebenheiten sammeln, daß fast für jeden Zustand ein neues Verbum wird. »In der huronischen Sprache wird alles konjugiert. Eine Kunst, die nicht kann erkläret werden, läßt darin von den Zeitwörtern die Nenn-, die Für-, die Zuwörter unterscheiden. Die einfachen Zeitwörter haben eine doppelte Konjugation, eine für sich und eine, die sich auf andre Dinge beziehet. Die dritten Personen haben die beiden Geschlechter. Was die Tempora anbetrifft, findet man die feinen Unterschiede, die man z. E. im Griechischen bemerket; ja wenn man die Erzählung einer Reise tun will, so drückt man sich verschieden aus, wenn man sie zu Lande und zu Wasser getan hat. Die Activa vervielfältigen sich so oft, als es Sachen gibt, die unter das Tun kommen; das Wort *essen* verändert sich mit jeder eßbaren Sache. Das Tun einer beseelten Sache wird anders ausgedrückt als einer unbeseelten. Sich seines und des Eigentums dessen bedienen, mit dem man redet, hat zweierlei Ausdruck usw.« Man denke sich alle diese Vielheit von Verbis, Modis, Temporibus, Personen, Zuständen, Geschlechtern usw., welche Mühe und Kunst, das einigermaßen untereinander zu bringen? aus dem, was ganz Wörterbuch war, einigermaßen Grammatik zu machen? – Des P. *Lery* Grammatik der *Topinambuer* in Brasilien zeigt ebendasselbe! – Denn wie das erste Wörterbuch der menschlichen Seele eine lebendige Epopee der tönenden, handelnden Natur war: so war *die erste Grammatik fast nichts als ein philosophischer Versuch, diese Epopee zur regelmäßigem Geschichte zu machen.* Sie zerarbeitet sich also mit lauter Verbis und arbeitet in einem Chaos, was für die *Dichtkunst* unerschöpflich; mehr geordnet, sehr reich für die Bestimmung der *Geschichte*; am spätsten aber für *Axiome* und *Demonstrationen* brauchbar ist.

3. Das Wort, was unmittelbar auf den Schall der Natur, nachahmend, folgte: folgte schon einem Vergangnen: *Präterita sind also die Wurzeln der Verborum, aber Präterita, die noch fast für die Gegenwart gelten.* A priori ist das Faktum sonderbar und unerklärlich, da die *gegenwärtige* Zeit die erste sein müßte, wie sie es auch in allen spätergebildeten Sprachen geworden; nach der Geschichte der Spracherfindung konnte es nicht anders sein. Die Gegenwart *zeigt* man; aber das Vergangne muß man *erzählen*. Und da man dies *auf so viel Art* erzählen konnte

und anfangs im Bedürfnis, Worte zu finden, es so vielfältig tun mußte: so wurden in allen alten Sprachen *viel Präterita, aber nur ein oder kein Präsens.* Dessen hatte sich nun in den gebildetem Zeiten Dichtkunst und Geschichte sehr, die Philosophie aber sehr wenig zu erfreuen, weil die keinen verwirrenden Vorrat liebt. – Hier sind wieder Huronen, Brasilianer, Morgenländer und Griechen gleich: überall Spuren vom Gange des menschlichen Geistes!

4. Alle neuere philosophische Sprachen haben das Nomen feiner, das Verbum weniger, aber regelmäßiger modifiziert: denn *die Sprache erwuchs mehr zur kalten Beschauung dessen, was da ist und was gewesen ist,* als daß sie noch ein unregelmäßig stammelndes Gemisch von dem, was etwa gewesen ist, geblieben wäre. Jenes gewöhnte man sich, nacheinander zu sagen, und also durch Numeros und Artikel und Kasus usw. zu bestimmen; *die alten Erfinder wollten alles auf einmal sagen, nicht bloß, was getan wäre, sondern wer es getan, wenn, wie und wo es geschehen.*[24] Sie brachten also in die Nomina gleich den Zustand: in jede Person des Verbi gleich das Genus: sie unterschieden gleich durch Prä- und Afformativa: durch Af- und Suffixa: Verbum und Adverbium, Verbum und Nomen, *alles floß zusammen.* Je später, desto mehr wurde unterschieden und hergezählt: aus den Hauchen wurden Artikel, aus den Ansätzen Personen, aus den Vorsätzen Modi oder Adverbia: die Teile der Rede flossen auseinander: nun ward allmählich *Grammatik.* So ist diese Kunst zu reden, diese Philosophie über die Sprache erst langsam und Schritt vor Schritt, Jahrhunderte und Zeiten hinab gebildet, und der erste Kopf, der an eine wahre Philosophie der Grammatik, an »die Kunst zu reden!« denkt, muß gewiß erst *die Geschichte derselben* durch Völker und Stufen hinab überdacht haben. Hätten wir doch *eine solche Geschichte! Sie wäre mit allen Fortgängen und Abweichungen eine Charte von der Menschlichkeit der Sprache.*

5. Aber wie hat eine Sprache ganz ohne Grammatik bestehen können? ein bloßer Zusammenfluß von Bildern und Empfindungen ohne Zusammenhang und Bestimmung? – Für beide war gesorgt: es war lebende Sprache. Da gab *die große Einstimmung der Gebärden gleichsam den Takt und die Sphäre, wohin es gehörte; und der große Reichtum der Bestimmungen, der im Wörterbuch selbst lag, ersetzte die Kunst der*

---

24   Rousseau hat diesen Sitz in seiner Hypothese diviniert, den ich hier bestimme und beweise.

Grammatik. Sehet die alte Schrift der Mexikaner! sie malen lauter einzelne Bilder; wo kein Bild in die Sinne fällt, haben sie sich über Striche vereinigt, und den Zusammenhang zu allem muß die Welt geben, in die es gehört, aus der es geweissagt wird. Diese Weissagungskunst, aus einzelnen Zeichen Zusammenhang zu erraten – wie weit können sie noch *nur einzelne* Stumme und Taube treiben! und wenn diese Kunst selbst mit zur Sprache gehört, von Jugend auf, als Sprache, mitgelernt wird; wenn sie sich mit der Tradition von Geschlechtern immer mehr erleichtert und vervollkommet: so sehe ich nichts Unbegreifliches. – – – Je mehr sie aber erleichtert wird, desto mehr nimmt sie ab; desto mehr wird Grammatik – und das ist Stufengang des menschlichen Geistes!

Proben davon sind z. E. des *la Loubère* Nachrichten von der *siamischen* Sprache: wie ähnlich ist sie noch dem Zusammenhange der Morgenländer, insonderheit ehe durch spätere Bildung noch mehr von ihm hineinkam. Der Siamer will sagen: »Wäre ich zu Siam, so wäre ich vergnügt!«, und sagt: »Wenn ich sein Stadt Siam; ich wohl Herz viel!« – Er will das Vaterunser beten: und muß sagen: »Vater, uns sein Himmel! Namen Gottes wollen heiligen aller Ort« usw. – wie morgenländisch und ursprünglich ist das? geradeso zusammenhangend als eine Mexikanische Bilderschrift oder das Stammeln der Ungelehrten aus fremden Sprachen!

6. Ich muß hier noch eine Sonderbarkeit erklären, die ich auch in Herrn Süßmilchs göttlicher Ordnung mißverstanden sehe: »nämlich die Mannigfaltigkeit der Bedeutungen *eines* Worts nach dem Unterschiede kleiner Artikulationen!« Ich finde diesen Kunstgriff fast unter allen Wilden, wie ihn z. E. *Garcilaso di Vega* von den Peruanern, *Condamine* von den Brasilianern, *la Loubère* von den Siamesen, *Resnel* von den Nordamerikanern anführt. Ich finde ihn ebenso bei den alten Sprachen, z. E. der chinesischen und den morgenländischen, vorzüglich der hebräischen, wo ein kleiner Schall, Akzent, Hauch die ganze Bedeutung ändert, und ich finde doch nichts als etwas sehr Menschliches in ihm, *Dürftigkeit und Bequemlichkeit der Erfinder!* Sie hatten ein neues Wort nötig; und da das müßige Erfinden aus leerem Kopf so schwer ist: *so nahmen sie ein ähnliches mit der Veränderung vielleicht nur eines Hauchs.* Das war Gesetz der Sparsamkeit, ihnen anfangs bei ihren sich durchwebenden Gefühlen sehr natürlich und bei ihrer mächtigern

Aussprache der Wörter noch ziemlich bequem; aber für einen Fremden, der sein Ohr nicht von Jugend auf daran gewöhnt hat und dem die Sprache jetzt mit Phlegma, wo der Schall halb im Munde bleibt, vorgezischt wird, macht dies Gesetz der Sparsamkeit und Notdurft die Rede unvernehmlich und unaussprechlich. Je mehr eine gesunde Grammatik in die Sprachen Haushaltung eingeführt, desto minder wird diese Kargheit nötig – also gerade das Gegenteil als Kennzeichen göttlicher Erfindung, wo der Erfinder sich gewiß sehr schlecht zu helfen gewußt, wenn er so etwas nötig hatte.

7. Am offenbarsten wird endlich der Fortgang der Sprache durch die Vernunft und der Vernunft durch die Sprache, *wenn diese schon einige Schritte getan,* wenn in ihr schon Stücke der Kunst, z.B. Gedichte, existieren, wenn Schrift erfunden ist, wenn sich eine Gattung der Schreibart nach der andern ausbildet. Da kann kein Schritt getan, kein neues Wort erfunden, keine neue glückliche Form in Gang gebracht werden, wo nicht Abdruck der menschlichen Seele liege. Da kommen durch *Gedichte* Silbenmaße, Wahl der stärksten Worte und Farben, Ordnung und Schwung der Bilder, da kommt durch *Geschichte* Unterschied der Zeiten, Genauigkeit des Ausdrucks, da kommt endlich durch die *Redner* die völlige Rundung des Perioden in die Sprache. So wie nun vor jedem solchen Zusatz nichts dergleichen vorher in der Sprache da lag, aber alles durch die menschliche Seele hineingebracht wurde und hineingebracht werden konnte: wo will man dieser Hervorbringung, dieser Fruchtbarkeit Grenzen setzen? wo will man sagen: hier fing die menschliche Seele zu würken an, aber eher nicht? Hat sie das Feinste, das Schwerste erfinden können, warum nicht das Leichteste? Konnte sie zustande bringen, warum nicht Versuche machen, warum nicht anfangen? Denn was war doch der Anfang als *die Produktion eines einzigen Worts, als Zeichen der Vernunft,* und das mußte sie, blind und stumm in ihrem Innern, *so wahr sie Vernunft besaß.*

Ich bilde mir ein, *das Können der Erfindung menschlicher Sprache* sei mit dem, was ich gesagt, *von innen aus der menschlichen Seele, von außen aus der Organisation des Menschen und aus der Analogie aller Sprachen und Völker,* teils *in den Bestandteilen aller Rede,* teils *im ganzen großen Fortgange der Sprache mit der Vernunft* so bewiesen, daß wer dem Menschen nicht Vernunft abspricht, oder, was ebensoviel ist, wer nur weiß, was Vernunft ist; wer sich ferner je um die *Elemente der*

Sprache philosophisch bekümmert; wer dazu die Beschaffenheit und Geschichte der Sprachen auf dem Erdboden mit dem Auge des Beobachters in Rücksicht genommen, der kann nicht einen Augenblick zweifeln, wenn ich auch weiter kein Wort mehr hinzusetzte. Die Genesis in der menschlichen Seele ist so *demonstrativ* als irgendein philosophischer Beweis, und die äußere Analogie aller Zeiten, Sprachen und Völker solch ein *Grad der Wahrscheinlichkeit,* als bei der gewissesten Sache der Geschichte möglich ist. Indessen um auf immer allen Einwendungen vorzubeugen und den Satz gleichsam auch äußerlich so gewiß zu machen, als eine philosophische Wahrheit sein kann: so lasset uns noch *aus allen äußern Umständen und aus der ganzen Analogie der menschlichen Natur* beweisen: *daß der Mensch sich seine Sprache hat erfinden müssen,* und unter *welchen Umständen er sie sich am füglichsten habe erfinden können.*

Zweiter Teil

Auf welchem Wege der Mensch sich am füglichsten hat Sprache erfinden können und müssen

Die Natur gibt keine Kräfte umsonst. Wenn sie also dem Menschen nicht bloß Fähigkeiten gab, Sprache zu erfinden, sondern auch diese Fähigkeit zum Unterscheidungscharakter seines Wesens und zur Triebfeder seiner vorzüglichen Richtung machte: so kam diese Kraft nicht anders als lebend aus ihrer Hand, und so konnte sie nicht anders, als in eine Sphäre gesetzt sein, wo sie würken mußte. Lasset uns einige dieser Umstände und Anliegenheiten genauer betrachten, die sogleich den Menschen, da er mit der nächsten Anlage, sich Sprache zu bilden, in die Welt trat, sogleich zur Sprache veranlaßten, und da dieser Anliegenheiten viel sind, so bringe ich sie unter gewisse *Hauptgesetze seiner Natur und seines Geschlechts*:

Erstes Naturgesetz

Der Mensch ist ein frei denkendes, tätiges Wesen, dessen Kräfte in Progression fortwürken; darum sei er ein Geschöpf der Sprache!

Als nacktes, instinktloses Tier betrachtet, ist der Mensch das elendeste der Wesen. Da ist kein dunkler, angeborner Trieb, der ihn in sein Element und in seinen Wirkungskreis, zu seinem Unterhalt und an sein Geschäfte zeucht. Kein Geruch und keine Witterung, die ihn auf die Kräuter hinreiße, damit er seinen Hunger stille! Kein blinder, mechanischer Lehrmeister, der für ihn sein Nest baue! Schwach und unterliegend, dem Zwist der Elemente, dem Hunger, allen Gefahren, den Klauen aller starkem Tiere, einem tausendfachen Tode überlassen, stehet er da! einsam und einzeln! ohne den unmittelbaren Unterricht seiner Schöpferin und ohne die sichre Leitung ihrer Hand, von allen Seiten also verloren – – –

Doch so lebhaft dies Bild ausgemalt werde: so ist's nicht das Bild des Menschen – es ist nur *eine* Seite seiner Oberfläche, und auch die stehet im falschen Licht. Wenn Verstand und Besonnenheit die Naturgabe seiner Gattung ist: so mußte diese sich sogleich äußern, da sich die schwächere Sinnlichkeit und alle das Klägliche seiner Entbehrungen äußerte. Das instinktlose, elende Geschöpf, was so verlassen aus den Händen der Natur kam, war auch vom ersten Augenblicke an das freitätige vernünftige Geschöpf, das sich selbst helfen sollte, und nicht anders als konnte. Alle Mängel und Bedürfnisse, als Tier, waren dringende Anlässe, sich mit allen Kräften als Mensch zu zeigen: so wie diese Kräfte der Menschheit nicht etwa bloß schwache Schadloshaltungen gegen die ihm versagten größern Tiervollkommenheiten waren, wie unsre neue Philosophie, die große Gönnerin der Tiere! will: sondern sie waren ohne Vergleichung und eigentliche Gegeneinandermessung seine Art. Der Mittelpunkt seiner Schwere, die Hauptrichtung seiner Seelenwürkungen fiel so auf diesen Verstand, auf menschliche Besonnenheit hin, wie bei der Biene sogleich aufs Saugen und Bauen.

Wenn es nun bewiesen ist, daß nicht *die mindeste Handlung seines Verstandes ohne Merkwort geschehen konnte: so war auch das erste Moment der Besinnung Moment zu innerer Entstehung der Sprache.*

Man lasse ihm zu dieser ersten deutlichen Besinnung so viel Zeit, als man will: man lasse nach *Buffons* Manier (nur philosophischer als er) dies gewordne Geschöpf sich allmählich sammeln: man vergesse aber nicht, daß es gleich vom ersten Momente an kein Tier, sondern ein Mensch, zwar noch kein Geschöpf von Besinnung, aber schon von Besonnenheit ins Universum erwache. Nicht wie eine große, schwerfällige, unbehülfliche Maschine, die gehen sollte und mit starren Gliedern nicht gehen kann, die sehen, hören, kosten sollte, und mit starren Säften im Auge, mit verhärtetem Ohr und mit versteinter Zunge nichts von alle diesem kann – Leute, die Zweifel der Art machen, sollten doch bedenken, daß dieser Mensch nicht aus Platons Höhle, aus einem finstern Kerker, wo er von seinem ersten Augenblick des Lebens, eine Reihe von Jahren hin, ohne Licht und Bewegung sich mit öffnen Augen blind und mit gesunden Gliedern ungelenk gesessen, sondern daß er aus den Händen der Natur, im frischesten Zustande seiner Kräfte und Säfte und mit der besten, nächsten Anlage kam, vom ersten Augenblicke sich zu entwickeln. Über die ersten Momente der Sammlung muß freilich die schaffende Vorsicht gewaltet haben – – doch das ist nicht Werk der Philosophie, das Wunderbare in diesen Momenten zu erklären, sowenig sie seine Schöpfung erklären kann. Sie nimmt ihn im ersten

Zustande der freien Tätigkeit, im ersten vollen Gefühl seines gesunden Daseins und erklärt also diese Momente nur menschlich.

Nun kann ich mich auf das vorige beziehen. Da hier keine metaphysische Trennung der Sinne stattfindet, da die ganze Maschine empfindet und gleich vom dunkeln Gefühl heraufarbeitet zur Besinnung, da dieser Punkt, die Empfindung des ersten deutlichen Merkmals, eben auf das Gehör, den mittlern Sinn zwischen Auge und Gefühl trifft: *so ist die Genesis der Sprache ein so inneres Dringnis wie der Drang des Embryons zur Geburt bei dem Moment seiner Reife.* Die ganze Natur stürmt auf den Menschen, um seine Kräfte, um seine Sinne zu entwickeln, bis er Mensch sei. *Und wie von diesem Zustande die Sprache anfängt, so ist die ganze Kette von Zuständen in der menschlichen Seele von der Art, daß jeder die Sprache fortbildet –*

Dies große Gesetz der Naturordnung will ich ins Licht stellen.

Tiere verbinden ihre Gedanken, dunkel oder klar, aber nicht *deutlich*. So wie freilich die Gattungen, die nach Lebensart und Nervenbau dem Menschen am nächsten stehen, die Tiere des Feldes, oft viel Erinnerung, viel Gedächtnis und in manchen Fällen ein stärkeres als der Mensch zeigen: so ist's nur immer sinnliches Gedächtnis; und keines hat die Erinnerung je durch *eine* Handlung bewiesen, daß es für sein ganzes Geschlecht seinen Zustand verbessert und Erfahrungen generalisiert hätte, um sie in der Folge zu nutzen. Der Hund kann freilich die Gebärde erkennen, die ihn geschlagen, und der Fuchs den unsichern Ort, wo ihm nachgestellt wurde, fliehen; aber keins von beiden sich *eine* allgemeine Reflexion aufklären, wie es dieser schlagdrohenden Gebärde und dieser Hinterlist der Jäger je auf immer entgehen könnte. Es blieb also nur immer bei dem einzelnen sinnlichen Falle hangen, und sein Gedächtnis wurde eine Reihe dieser sinnlichen Fälle, die sich produzieren und reproduzieren – aber nie durch Überlegung verbunden: ein Mannigfaltiges ohne deutliche Einheit: ein Traum sehr sinnlicher, klarer, lebhafter Vorstellungen, ohne ein Hauptgesetz des hellen Wachens, das diesen Traum ordne.

Freilich ist unter diesen Geschlechtern und Gattungen noch ein großer unterschied. Je enger der Kreis, je stärker die Sinnlichkeit und der Trieb, je einförmiger die Kunstfähigkeit und das Werk des Lebens ist: desto weniger ist, wenigstens für uns, die geringste Progression durch Erfahrung merklich. Die Biene bauet in ihrer Kindheit so wie im hohen Alter und wird zu Ende der Welt so bauen als im Beginn der Schöpfung. Sie sind einzelne Punkte, leuchtende Funken aus dem Licht der Vollkommenheit Gottes, die aber immer einzeln leuchten. Ein erfahrner Fuchs hingegen unterscheidet sich schon sehr von dem ersten Lehrlinge der Jagd: er kennet schon viele Kunstgriffe voraus und sucht ihnen zu entweichen – – aber woher kennt er sie? und wie sucht er ihnen zu entweichen? weil er sie voraus unmittelbar erfahren und weil unmittelbar aus solcher Erfahrung das Gesetz dieser Handlung folget. In keinem Falle würkt deutliche Reflexion, denn werden nicht immer die klügsten Füchse noch jetzt so berückt wie vom ersten Jäger in der Welt? Bei dem Menschen waltet offenbar *ein andres Naturgesetz über die Sukzession seiner Ideen, Besonnenheit:* sie waltet noch selbst im sinnlichsten Zustande, nur minder merklich. Das unwissendste Geschöpf, wenn er auf die Welt kommt; aber sogleich wird er Lehrling der Natur auf eine Weise wie kein Tier: Ein Tag nicht bloß lehrt den andern: sondern jede Minute des Tages die andre: jeder Gedanke den andern. Der Kunstgriff ist seiner Seele wesentlich, nichts für diesen Augenblick zu lernen, sondern alles entweder an das zu reihen, was sie schon wußte, oder für das, was sie künftig daran zu knüpfen gedenkt: sie berechnet also ihren Vorrat, den sie gesammlet oder noch zu sammlen gedenkt: und so wird sie eine Kraft, unverrückt zu sammlen. Solch eine Kette geht bis an den Tod fort: gleichsam nie der *ganze* Mensch: immer in Entwicklung, im Fortgange, in Vervollkommung. Eine Würksamkeit hebt sich durch die andre: eine baut auf die andre: eine entwickelt sich aus der andren. Es werden Lebensalter, Epochen, die wir nur nach den Stufen, der Merklichkeit benennen, die aber, weil der Mensch nie fühlt, wie er wächst, sondern nur immer wie er gewachsen ist, sich in ein unendlich Kleines teilen lassen. Wir wachsen immer aus einer Kindheit, so alt wir sein mögen, sind immer im Gange, unruhig, ungesättigt: das Wesentliche unsres Lebens ist nie Genuß, sondern immer Progression, und wir sind nie Menschen gewesen, bis wir – zu Ende gelebt haben; dahingegen die Biene Biene war, als sie ihre erste Zelle bauete.

Zu allen Zeiten würkt freilich dies Gesetz der Vervollkommung, der Progression durch Besonnenheit, nicht gleich merklich: ist aber das minder Merkliche deswegen nicht da? Im Traume, im Gedankentraume, denkt der Mensch nicht so ordentlich und deutlich als wachend: deswegen aber denkt er noch immer als ein Mensch – als Mensch in einem Mittelzustande; nie als ein völliges Tier. Bei einem Gesunden müssen seine Träume so gut eine Regel der Verbindung haben als seine wachenden Gedanken; nur daß es nicht dieselbe Regel sein, oder diese so einförmig würken kann; selbst diese Ausnahmen zeugen also von der Gültigkeit des Hauptgesetzes, und die offenbaren Krankheiten und unnatürlichen Zustände, Ohnmachten, Verrückungen usw. zeugen es noch mehr. Nicht jede Handlung der Seele ist unmittelbar eine Folge der Besinnung; jede aber eine Folge der Besonnenheit: keine, so wie sie beim Menschen geschiehet, könnte sich äußern, wenn der Mensch nicht Mensch wäre und nach solchem Naturgesetz dächte.

Konnte nun der erste Zustand der Besinnung des Menschen nicht ohne Wort der Seele würklich werden: so werden alle Zustände der Besonnenheit in ihm sprach mäßig: seine Kette von Gedanken wird eine Kette von Worten.

Will ich damit sagen, daß der Mensch jede Empfindung seines dunkelsten Gefühls zu einem Worte machen oder sie nicht anders als mittelst eines Worts empfinden könne? – Unsinn wäre es, dies zu sagen, da gerade umgekehrt bewiesen ist: was sich bloß durchs dunkle Gefühl empfinden läßt, ist keines Worts für uns *fähig,* weil es keines deutlichen Merkmals fähig ist. Die Basis der Menschheit ist also, wenn wir von willkürlicher Sprache reden, unaussprechlich. – – Aber ist denn Basis die ganze Figur? Fußgestelle die ganze Bildsäule? Ist der Mensch seiner ganzen Natur nach denn eine bloß dunkel fühlende Auster? Lasset uns also den ganzen Faden seiner Gedanken nehmen; da er von Besonnenheit gewebt ist; da sich in ihm kein Zustand findet, der, im ganzen genommen, nicht selbst Besinnung sei oder doch in Besinnung aufgeklärt werden könne: da bei ihm das Gefühl nicht *herrschet,* sondern die ganze Mitte seiner Natur auf feinere Sinne, Gesicht und Gehör, fällt und diese ihm immerfort Sprache geben: so folgt, daß, im ganzen genommen, »*auch kein Zustand in der menschlichen Seele sei, der nicht wortfähig oder würklich durch Worte der Seele bestimmt werde*«.

Es müßte der dunkelste Schwärmer oder ein Vieh, der abstrakteste Götterseher oder eine träumende Monade sein, der *ganz ohne Worte dächte.* Und in der menschlichen Seele ist, wie wir selbst in Träumen und bei Verrückten sehen, kein solcher Zustand möglich. So kühn es klinge, so ist's wahr: der Mensch empfindet mit dem Verstande und spricht, indem er denket. – – Und indem er nun immer so fortdenkt und, wie wir gesehen, jeden Gedanken in der Stille mit dem vorigen und der Zukunft zusammenhält: so muß »*jeder Zustand, der durch Reflexion so verkettet ist, besser denken, mithin auch besser sprechen*«.

Lasset ihm den freien Gebrauch seiner Sinne: da der Mittelpunkt dieses Gebrauchs in Gesicht und Gehör fällt, wo jenes ihm Merkmal und dieses Ton zum Merkmale gibt: so wird mit jedem leichtern, gebildetem Gebrauch dieser Sinne ihm Sprache fortgebildet. Lasset ihm den freien Gebrauch seiner Seelenkräfte. Da der Mittelpunkt ihres Gebrauchs auf Besonnenheit fällt, mithin nicht ohne Sprache ist, so wird mit jedem leichtern, gebildetem Gebrauch der Besonnenheit ihm Sprache mehr gebildet. Folglich wird die *Fortbildung der Sprache dem Menschen so natürlich als seine Natur selbst.*

Wer ist nun, der den Umfang der Kräfte einer Menschenseele kenne, wenn sie sich zumal in aller Anstrengung gegen Schwürigkeiten und Gefahren äußern? Wer ist, der den Grad der Vollkommenheit abwiege, zu dem sie durch eine beständige, innigverwickelte, so vielfache Fortbildung gelangen kann? Und da alles auf Sprache hinausläuft, wie ansehnlich, was ein einzelner Mensch zur Sprache sammlen muß! Mußte sich schon der Blinde und Stumme auf seinem einsamen Eilande eine dürftige Sprache schaffen; der Mensch, der Lehrling aller Sinne! der Lehrling der ganzen Welt! wie weit reicher muß er werden! Was soll er genießen? Sinne, Geruch, Witterung für die Kräuter, die ihm gesund, Abneigung für die, so ihm schädlich sind, hat die Natur ihm nicht gegeben; er muß also versuchen, schmecken, wie die Europäer in Amerika den Tieren absehen, was eßbar sei? sich also Merkmale der Kräuter, mithin Sprache sammlen! Er hat nicht Stärke gnug, um dem Löwen zu beggenen; er entweiche also ferne von ihm, kenne ihn von fern an seinem Schalle, und um ihm menschlich und mit Bedacht entweichen zu können, lerne er ihn und hundert andre schädliche Tiere deutlich erkennen, mithin sie nennen! Je mehr er nun Erfahrungen sammlet, verschiedne Dinge und von verschiednen Seiten kennenlernt, desto reicher wird seine Sprache! Je öfter er diese Erfahrungen siehet und die Merkmale bei sich wiederholet, desto fester und geläufiger wird seine Sprache. Je mehr er unterscheidet und untereinander ordnet, desto ordentlicher wird seine Sprache! Dies Jahre durch, in einem muntern Leben, in steten Abwechselungen, in beständigem Kampf mit Schwürigkeiten und Notdurft, mit beständiger Neuheit der Gegenstände fortgesetzt: ist der Anfang zur Sprache unbeträchtlich? Und siehe! es ist nur das Leben eines einzigen Menschen!

Ein stummer Mensch, in dem Verstande, wie es die Tiere sind, der auch nicht in seiner Seele Worte denken könnte, *wäre das traurigste, sinnloseste, verlassenste Geschöpf der Schöpfung:* und der größeste Widerspruch mit sich selbst! Im ganzen Universum gleichsam allein; an nichts geheftet und für alles da, durch nichts gesichert, und durch sich selbst noch minder, muß der Mensch entweder unterliegen oder über alles herrschen, mit Plan einer Weisheit, deren kein Tier fähig ist, von allem deutlichen Besitz nehmen, oder umkommen! Sei nichts, oder Monarch der Schöpfung durch Verstand! Zertrümmere oder schaffe dir Sprache. Und wenn sich nun in diesem andringenden Kreise von Bedürfnissen alle Seelenkräfte sammeln: wenn die ganze Menschheit, Mensch zu sein, kämpfet – wie viel kann erfunden, getan, geordnet werden!?

Wir gesellschaftlichen Menschen denken uns in einen solchen Zustand nur immer mit Zittern hinein: »Ei, wenn der Mensch sich gegen alles auf so langsame, schwache, unhinreichende Art erst retten soll« – durch Vernunft, durch Überlegung? wie langsam überlegt diese! und wie schnell, wie andringend sind seine Bedürfnisse? seine Gefahren! – – Es kann dieser Einwurf freilich mit Beispielen sehr ausgeschmückt werden; er streitet aber immer gegen eine ganz andre Spitze, als die wir verteidigen. Unsre Gesellschaft, die viele Menschen zusammengebracht, daß sie mit ihren Fähigkeiten und Verrichtungen *eins* sein sollen, muß also von Jugend auf Fähigkeiten verteilen und Gelegenheiten ausspenden, daß eine für der andern gebildet werde. So wird der *eine* Mensch für die Gesellschaft gleichsam ganz Algebra, ganz Vernunft, so wie sie am andern bloß Herz, Mut und Faust braucht: der nutzt ihr, daß er kein Genie und viel Fleiß; jener, daß er Genie in *einem,* und in allem andern *nichts* habe. Jedes Triebrad muß sein Verhältnis und Stelle haben: sonst machen sie kein Ganzes *einer* Maschine – Aber daß man diese Verteilung der Seelenkräfte, da man alle andre merklich erstickt, um in *einer* andre zu übertreffen, nicht in den Zustand eines natürlichen Menschen übertrage. Setzet einen Philosophen, in der Gesellschaft geboren und erzogen, der nichts als seinen Kopf zu denken und seine Hand zum Schreiben geübet, setztet ihn mit einmal aus allem Schutz und gegenseitigen Bequemlichkeiten, die ihm die Gesellschaft für seine einseitigen Dienste leistet, hinaus: er soll sich selbst in einem unbekannten Lande Unterhalt suchen und gegen die Tiere kämpfen und in allem eigner Schutzgott sein – wie verlegen! er hat dazu weder Sinne noch Kräfte, noch Übung in beiden! Vielleicht hat er in den Irrgängen seiner Abstraktion Geruch und Gesicht und Gehör und rasche Erfindungsgabe – und gewiß jenen Mut, jene schnelle Entschließung verloren, die sich nur unter Gefahren bildet und äußert, die in steter, neuer Würksamkeit sein will, oder sie entschläft. Ist er nun in Jahren, wo der Lebensquell seiner Geister schon stillesteht oder zu vertrocknen anfängt: so wird es freilich ewig zu spät sein, ihn in diesen Kreis hineinbilden zu wollen – aber ist denn das der gegebne Fall? Alle die Versuche zur Sprache, die ich anführe, werden durchaus nicht gemacht, um philosophische Versuche zu sein: die Merkmale der Kräuter nicht ausgefunden, wie sie *Linné* klassifiziert: die ersten Erfahrungen sind nicht kalte, vernunftlangsame, sorgsam abstrahierende Experimente, wie sie der müßige einsame Philosoph macht, wenn er der Natur in ihrem verborgnen Gange nachschleicht und nicht mehr wissen will, *daß,* sondern *wie* sie würke. Daran war eben dem ersten Naturbewohner am wenigsten gelegen. Mußte es ihm demonstriert werden, daß das oder jenes Kraut giftig sei? War er denn so mehr als viehisch, daß er hierin nicht einmal dem Vieh nachahmte? und war's nötig, daß er vom Löwen angefallen würde, um sich vor ihm zu fürchten? Ist seine Schüchternheit, mit seiner Schwachheit, und seine Besonnenheit, mit aller Feinheit seiner Seelenkräfte verbunden, nicht gnug, ihm einen behaglichen Zustand von selbst zu verschaffen, da die Natur selbst sie dazu für gnugsam erkannt? Da wir also durchaus keinen schüchternen, abstrakten Stubenphilosophen zum Erfinder der Sprache brauchen; da der rohe Naturmensch, der noch seine Seele so ganz, wie seinen Körper, aus *einem* Stück fühlt, uns mehr als alle sprachschaffende Akademien und doch nichts minder als ein Gelehrter ist – was wollen wir diesen, denn zum Muster nehmen? Wollen wir einander Staub in die Augen streuen, um bewiesen zu haben, der Mensch könne nicht sehen?

Süßmilch ist hier wieder der Gegner, mit dem ich kämpfe. Er hat einen ganzen Abschnitt[25] darauf verwandt, um zu zeigen, »wie unmög-

---

25 Abschnitt 3.

lich sich der Mensch eine Sprache hat fortbilden können, wenn er sie auch durch Nachahmung erfunden hätte!« Daß das Erfinden durch bloße Nachahmung ohne menschliche Seele Unsinn sei, ist bewiesen, und wäre der Verteidiger des göttlichen Ursprungs dieser Sache demonstrativ gewiß gewesen, daß es Unsinn sei, so traue ich ihm zu, daß er gegen ihn nicht eine Menge von halbwahren Gründen zusammengetragen hätte, die jetzt gegen eine menschliche Erfindung der Sprache *durch Verstand* sämtlich nichts beweisen. Ich kann unmöglich den ganzen Abschnitt, so verflochten mit willkürlich angenommenen Heischesätzen und falschen Axiomen über die Natur der Sprache er ist, hier ganz auseinandersetzen, weil der Verfasser immer in einem gewissen Licht erschiene, in dem er hier nicht erscheinen soll – ich nehme also nur soviel heraus, als nötig ist, nämlich, daß in seinen Einwürfen *die Natur einer sich fortbildenden menschlichen Sprache und einer sich fortbildenden menschlichen Seele durchaus verkannt sei.*

»Wenn man annimmt, daß die Einwohner der ersten Welt nur aus etlichen tausend Familien bestanden hätten, da das Licht des Verstandes durch den Gebrauch der Sprache schon so helle geschienen, daß sie eingesehen, was die Sprache sei und daß sie also an die Verbesserung dieses herrlichen Mittels haben können anfangen zu denken: so – –«[26] Aber von allen diesen Vordersätzen nimmt niemand nichts an. Mußte man's erst in tausend Generationen einsehen, was Sprache sei? Der erste Mensch sähe es ein, da er den ersten Gedanken dachte. Mußte man erst in tausend Generationen so weit kommen, es einzusehen, daß die Sprache zu verbessern gut sei? Der erste Mensch sähe es ein, da er seine ersten Merkmale besser ordnen, berichtigen, unterscheiden und zusammensetzen lernte, und verbesserte jedesmal unmittelbar die Sprache, da er so etwas von neuem lernte. Und denn, wie hätte sich doch durch tausend Generationen hin das Licht des Verstandes *durch die Sprache* so helle aufklären können, wenn im Ablauf dieser Generationen sich nicht schon *Sprache* aufgeklärt hätte. Also Aufklärung ohne Verbesserung! und hinter einer Verbesserung tausend Familien hinunter noch der Anfang zu einer Verbesserung unmöglich? Das ist geradezu widersprechend. – – –

---

26   S. 80, 81.

»Würde aber nicht als ein ganz unentbehrlich Hülfsmittel dieses philosophischen und philologischen Collegii Schrift müssen angenommen werden?« Nein! denn es war durchaus kein philosophisch und philologisch Collegium, diese erste natürliche, lebendige, menschliche Fortbildung der Sprache; und was kann denn der Philosoph und Philolog in seinem toten Museum an einer Sprache verbessern, die in aller ihrer Würksamkeit lebt?

»Sollen denn nun alle Völker auf gleiche Weise mit der Verbesserung zu Werke gegangen sein?« Ganz auf gleiche Weise, denn sie gingen alle menschlich: so daß wir uns hier in den wesentlichen Rudimenten der Sprache *einen* für alle anzunehmen getrauen. Wenn das aber das größte Wunder sein soll, daß alle Sprachen acht partes orationis haben[27]: so ist wieder das Faktum falsch und der Schluß unrichtig. Nicht alle Sprachen haben von allen Zeiten herunter achte gehabt: sondern der erste philosophische Blick in die Bauart einer Sprache zeigt, daß diese achte sich auseinander entwickelt. In den ältesten sind Verba eher gewesen als Nomina, und vielleicht Interjektionen eher als selbst regelmäßige Verba. In den spätern sind Nomina mit Verbis gleich zusammen abgeleitet; allein selbst von der griechischen sagt's *Aristoteles,* daß auch in ihr dies anfangs alle Redeteile gewesen und die andern sich nur später durch die Grammatiker aus jenen entwickelt. Von der huronischen habe ich ebendasselbe gelesen, und von den morgenländischen ist's offenbar – – ja was ist's denn endlich für ein Kunststück, die willkürliche und zum Teil unphilosophische Abstraktion der Grammatiker in acht partes orationis? Ist die so regelmäßig und göttlich als die Form einer Bienenzelle? Und wenn sie's wäre, ist sie nicht durchaus aus der menschlichen Seele erklärbar und als notwendig gezeigt?

»Und was sollte die Menschen zu dieser höchst sauren Arbeit der Verbesserung gereizet haben?« O durchaus keine saure, spekulative Stubenarbeit! durchaus keine abstrakte Verbesserung a priori! und also auch gewiß keine Anreizungen dazu, die nur in unserm Zustande der verfeinerten Gesellschaft stattfinden. Ich muß hier meinen Gegner ganz verlassen. Er nimmt an, daß »die ersten Verbesserer recht gute philosophische Köpfe gewesen sein müßten, die gewiß weiter und tiefer gesehen, als die meisten Gelehrte jetzt in Ansehung der Sprache und ihrer

27   31, 34.

innern Beschaffenheit zu tun pflegen«. Er nimmt an, daß »diese Gelehrte überall erkannt haben müßten, daß ihre Sprache unvollkommen und daß sie einer Verbesserung nicht nur fähig, sondern auch bedürftig sei«. Er nimmt an, daß »sie den Zweck der Sprache haben gehörig beurteilen müssen usw., daß die Vorstellung dieses zu erlangenden Gutes hinlänglich, stark und lebhaft gnug gewesen sein müsse, um ein Bewegungsgrund zur Übernehmung dieser schweren Arbeit zu werden«. Kurz, der Philosoph unsres Zeitalters wollte sich nicht einen Schritt auch aus allem Zufälligen desselben hinauswagen, und wie konnte er denn nach solchem Gesichtspunkt von der *Entstehung* einer Sprache schreiben? Freilich in unserm Jahrhundert hätte sie so wenig entstehen *können,* als sie entstehen *darf*!

Aber kennen wir denn nicht jetzt schon die Menschen in so verschiednen Zeitaltern, Gegenden und Stufen der Bildung, daß uns dies so veränderte große Schauspiel nicht sicher auf die erste Szene schließen lehrte? Wissen wir denn nicht, daß eben in den Winkeln der Erde, wo noch die Vernunft am wenigsten in die feine, gesellschaftliche, vielseitige, gelehrte Form gegossen ist, noch Sinnlichkeit und roher Scharfsinn und Schlauheit und mutige Würksamkeit! und Leidenschaft und Erfindungsgeist – die ganze ungeteilte menschliche Seele am lebhaftesten würke? am lebhaftesten würke, weil sie noch auf keine langweilige Regeln gebracht, immer in einem Kreise von Bedürfnissen, von Gefahren, von andringenden Erfordernissen ganz lebt und sich also immer neu und ganz fühlt. Da, nur da zeigt sie Kräfte, sich Sprache zu bilden und fortzubilden! Da hat sie Sinnlichkeit und gleichsam Instinkt gnug, um den ganzen Laut und alle sich äußernde Merkmale der lebenden Natur so ganz zu empfinden, wie wir nicht mehr können: und wenn die Besinnung alsdenn *eins* derselben lostrennet, es so stark und innig zu nennen, als wir's nicht nennen würden. Je minder die Seelenkräfte noch entwickelt und jede zu einer eignen Sphäre abgerichtet ist: desto stärker würken alle zusammen: desto inniger ist der Mittelpunkt ihrer Intensität; nehmet aber diesen großen unzerbrechlichen Pfeilbund auseinander, und ihr könnt sie alle zerbrechen, und denn läßt sich gewiß nicht mit *einem* Stabe das Wunder tun, gewiß nicht mit der einzigen kalten Abstraktionsgabe der Philosophen je Sprache erfinden – war das aber unsre Frage? Drang jener Weltsinn nicht tiefer? Und waren bei dem beständigen Zusammenstrom aller Sinne, in dessen Mittelpunkt immer der innere Sinn wachte, nicht immer neue Merkmale, Ordnungen, Gesichtspunkte, schnelle Schlußarten gegenwärtig, und also immer neue Bereicherungen der Sprache? Und empfing also zu dieser, wenn man nicht auf acht partes orationis rechnen will, die menschliche Seele nicht ihre besten Eingebungen, solange sie noch ohne alle Anreizungen der Gesellschaft sich nur selbst desto mächtiger anreizte, sich alle die Tätigkeit der Empfindung und des Gedankens gab, die sie sich nach innerm Drang und äußern Erfordernissen geben mußte – da gebar sich Sprache mit der ganzen Entwicklung der menschlichen Kräfte.

Es ist für mich unbegreiflich, wie unser Jahrhundert so tief in die Schatten, in die dunkeln Werkstätten des Kunstmäßigen sich verlieren kann, ohne auch nicht einmal das weite, helle Licht der uneingekerkerten Natur erkennen zu wollen. Aus den größten Heldentaten des menschlichen Geistes, die er nur im Zusammenstoß der lebendigen Welt tun und äußern konnte, sind Schulübungen im Staube unsrer Lehrkerker, aus den Meisterstücken menschlicher Dichtkunst und Beredsamkeit Kindereien geworden, an welchen greise Kinder und junge Kinder Phrases lernen und Regeln klauben. Wir haschen ihre Formalitäten und haben ihren Geist verloren; wir lernen ihre Sprache und fühlen nicht die lebendige Welt ihrer Gedanken. Derselbe Fall ist's mit unsern Urteilen über das Meisterstück des menschlichen Geistes, die Bildung der Sprache überhaupt. Da soll uns das tote Nachdenken Dinge lehren, die bloß aus dem lebendigen Hauche der Welt, aus dem Geiste der großen würksamen Natur den Menschen beseelen, ihn aufrufen und fortbilden konnten. Da sollen die stumpfen, späten Gesetze der Grammatiker das göttlichste sein, was wir verehren, und vergessen die wahre göttliche Sprachnatur, die sich in ihrem Herzen mit dem menschlichen Geiste bildete: so unregelmäßig sie auch scheine. Die Sprachbildung ist in die Schatten der Schule gewichen, aus denen sie nichts mehr für die lebendige Welt würket: drum soll auch nie eine helle Welt gewesen sein, in der die ersten Sprachenbilder leben, fühlen, schaffen und dichten mußten. – Ich berufe mich auf das Gefühl derer, die den Menschen im Grunde seiner Kräfte, und das Kräftige, Mächtige, Große in den Sprachen der Wilden, und Wesen der Sprache überhaupt nicht verkennen – daher fahre ich fort:

Zweites Naturgesetz

Der Mensch ist in seiner Bestimmung ein Geschöpf der Herde, der Gesellschaft: die Fortbildung einer Sprache wird ihm also natürlich, wesentlich, notwendig.

Das menschliche Weib hat keine Jahrszeit der Brunst wie die Tierweiber; und die Zeugungskraft des *Mannes* ist nicht so ungebändigt, aber fortwährend. Wenn nun Störche und Tauben Ehen haben: so wüßte ich nicht, warum sie der Mensch aus mehrern Ursachen nicht hätte?

Der Mensch, gegen den struppichten Bär und den borstigten Igel gesetzt, ist ein schwächeres, *dürftigeres, nackteres* Tier: es hat Höhlen nötig, und diese werden, mit den vorigen Veranlassungen, sehr natürlich gemeinschaftliche Höhlen.

Der Mensch ist ein schwächeres Tier, was in mehrern Himmelsgegenden sehr übel den Jahrszeiten ausgesetzt wäre: das menschliche Weib hat also, *als Schwangere*, als Gebärerin, einer gesellschaftlichen Hülfe mehr nötig als der Strauß, der seine Eier in die Wüste leget.

Endlich insonderheit *das menschliche Junge*, der auf die Welt gesetzte Säugling, wie sehr ist er ein Vasall menschlicher Hülfe und geselliger Erbarmung. Aus einem Zustande, wo er als Pflanze am Herzen seiner Mutter hing, wird er auf die Erde geworfen – das schwächste, hülfloseste Geschöpf unter allen Tieren, wenn nicht mütterliche Brüste da wären, ihn zu nähren, und väterliche Knie entgegenkämen, ihn als Sohn aufzunehmen. Wem wird hiemit nicht *Haushaltung der Natur zur Gesellung der Menschheit* vorleuchtend? und zwar die so unmittelbar, so nahe am Instinkt, als es bei einem besonnenen Geschöpf sein konnte! –

Ich muß den letzten Punkt mehr entwickeln, denn in ihm zeigt sich das Werk der Natur am augenscheinlichsten, und mein Schluß wird hieraus nur desto schneller. Wenn man alles, wie unsre groben Epikureer, aus blinder Wollust oder unmittelbarem Eigennutz erklären will – wer kann das Gefühl der Eltern gegen Kinder erklären? und die starken Bande, die dadurch bewürkt werden? Siehe! dieser arme Erdbewohner kommt elend auf die Welt, ohne zu wissen, daß er elend sei: er ist der Erbarmung bedürftig, ohne daß er sich ihrer im mindsten wert machen könnte: er weinet – aber selbst dies Weinen müßte so beschwerlich werden als das Geheul des Philoktet, der doch so viel

Verdienste hatte, den Griechen, die ihn der wüsten Insel übergaben. Hier müßten also eben nach unsrer kalten Philosophie die Bande der Natur am ehesten reißen, wo sie am stärksten würken! Die Mutter hat sich der Frucht, die ihr so viel Ungemach machte, endlich mit Schmerzen entledigt: kommt's bloß auf Vergnügen und neue Wollust an: so wirft sie sie weg. Der Vater hat in wenigen Minuten seine Brunst gekühlt – was soll er sich weiter um Mutter und Kind als Gegenstände seiner Mühe, bekümmern: er läuft, wie *Rousseaus* Manntier, in den Wald und sucht sich einen andern Gegenstand seines tierischen Vergnügens. Wie ganz umgekehrt ist hier die Ordnung der Natur bei Tieren und Menschen und wie weiser! Eben die Schmerzen und Ungemächlichkeiten vermehren die mütterliche Liebe! eben das Bejammerns- und nicht Liebenswürdige des Säuglings, das Schwache, Hinfällige seines Temperaments, die beschwerliche, verdrießliche Mühe der Erziehung verdoppelt die Regungen seiner Eltern! Die Mutter sieht den Sohn mit wärmerer Wallung an, der ihr die meisten Schmerzen gekostet, der ihr am öftersten mit seinem Abschiede gedrohet, auf den ihre meisten Zähren des Kummers flossen. Der Vater sieht den Sohn mit wärmerer Wallung an, den er frühe aus einer Gefahr riß, den er mit der größten Mühwaltung erzog, der ihm in Unterricht und Bildung das meiste kostete. Und so weiß auch im Ganzen des Geschlechts die Natur aus der Schwachheit Stärke zu machen. *Ebendeswegen kommt der Mensch so schwach, so dürftig, so verlassen von dem Unterricht der Natur, so ganz ohne Fertigkeiten und Talente auf die Welt,* wie kein Tier, *damit er,* wie kein Tier, *eine Erhebung genieße,* und *das menschliche Geschlecht,* wie kein Tiergeschlecht, *ein innigverbundnes Ganze werde!*

Die jungen Enten entschlupfen der Henne, die sie ausgebrütet, und hören, vergnügt in dem Elemente plätschernd, in das sie der Ruf der mütterlichen Natur hinzog, die warnende rufende Stimme ihrer Stiefmutter nicht, die am Ufer jammert. So würde es das Menschenkind auch machen, wenn es mit dem Instinkt der Ente auf die Welt käme. Jeder Vogel bringt die Geschicklichkeit, Nester zu bauen, aus seinem Ei und nimmt sie auch, ohne sie fortzupflanzen, in sein Grab: die Natur unterrichtet für ihn. Alles bleibt also einzeln, das unmittelbare Werk der Natur, und so wird keine Progression der Seele des Geschlechts, kein Ganzes, wie es die Natur am Menschen wollte. Den band sie also durch Not und einen zuvorkommenden Elterntrieb, für den die Griechen das Wort οργη hatten, zusammen, und so wurde *ein Band des Unterrichts und der Erziehung ihm wesentlich.* Da hatten Eltern den Kreis ihrer Ideen nicht für sich gesammlet; er war zugleich da, um mitgeteilt zu werden, und der Sohn hat den Vorteil, den Reichtum ihres Geistes schon frühe, wie im Auszuge, zu erben. Jene tragen die Schuld der Natur ab, indem sie lehren; diese füllen das ideenlose Bedürfnis ihrer Natur aus, indem sie lernen: so wie sie nachher wieder ihre Schuld der Natur abtragen werden, diesen Reichtum mit Eignem zu vermehren und ihn wieder weiter fortzupflanzen. *Kein einzelner Mensch ist für sich da; er ist in das Ganze des Geschlechts eingeschoben, er ist nur eins für die fortgehende Folge.*

Was dies auf die ganze Kette für Würkung tue, sehen wir später; hier schränken wir uns nur auf den Zusammenhang der ersten zween Ringe ein! auf die *Bildung einer Familiendenkart durch den Unterricht der Erhebung* und –

da der Unterricht der eignen Seele, der Ideenkreis der Eltern Sprache ist: *so wird die Fortbildung des menschlichen Unterrichts durch den Geist der Familie,* durch den die Natur das ganze Geschlecht verknüpft hat, auch *Fortbildung der Sprache.*

Warum hängt dieser Unmündige so schwach und unwissend an den Brüsten seiner Mutter, an den Knien seines Vaters? *Damit er lehrbegierig sei und Sprache lerne.* Er ist schwach, damit sein Geschlecht stark werde. Nun teilt sich ihm mit der Sprache die ganze Seele, die ganze Denkart seiner Erzeuger mit; aber eben deswegen teilen sie es ihm gerne mit, weil es ihr Selbstgedachtes, Selbstgefühltes, Selbsterfundenes ist, was sie mitteilen. Der Säugling, der die ersten Worte stammlet, stammlet die Gefühle seiner Eltern wieder und schwört mit jedem frühen Stammlen, nach dem sich seine Zunge und Seele bildet, diese Gefühle zu verewigen, so wahr er sie Vater- oder Muttersprache nennet. Lebenslang werden diese ersten Eindrücke seiner Kindheit, diese Bilder aus der Seele und dem Herzen seiner Eltern in ihm leben und würken: mit dem Wort wird das ganze Gefühl wiederkommen, was damals frühe seine Seele überströmte: mit der Idee des Worts alle Nebenideen, die ihm damals bei diesem neuen frühen Morgenausblick in das Reich der Schöpfung vorlagen – sie werden wiederkommen und mächtiger würken als die reine, klare Hauptidee selbst. Das wird also Familiendenkart, und mithin

Familiensprache. Da steht nun der kalte Philosoph[28] und fragt: »durch welches Gesetz denn wohl die Menschen ihre willkürlich erfundne Sprache einander hätten aufdringen, und den andern Teil hätten veranlassen können, das Gesetz anzunehmen?« Diese Frage, über die Rousseau so pathetisch und ein andrer Schriftsteller so lange predigt, beantwortet sich, wenn wir *einen* Blick in die Ökonomie der Natur des menschlichen Geschlechts tun, von selbst, und wer kann nun die vorigen Predigten aushalten?

Ist's denn nicht Gesetz und Verewigung gnug, diese Familienfortbildung der Sprache? Das Weib, in der Natur so sehr der schwächere Teil, muß es nicht von dem erfahrnen, versorgenden, sprachbildenden Manne Gesetz annehmen? Ja, heißt's Gesetz, was bloß milde Wohltat des Unterrichts ist? Das schwache Kind, das so eigentlich ein Unmündiger heißt, muß es nicht Sprache annehmen, da es mit ihr die Milch seiner Mutter und den Geist seines Vaters genießet? Und muß diese Sprache nicht verewigt werden, wenn etwas verewigt wird? O die Gesetze der Natur sind mächtiger als alle Konventionen, die die schlaue Politik schließet und der weise Philosoph aufzählen will! Die Worte der Kindheit – diese unsre frühen Gespielen in der Morgenröte des Lebens! mit denen sich unsre ganze Seele zusammen bildete – wenn werden wir sie verkennen? wenn werden wir sie vergessen? Unsre Muttersprache war ja zugleich die erste Welt, die wir sahen, die ersten Empfindungen, die wir fühlten, die erste Würksamkeit und Freude, die wir genossen! Die Nebenideen von Ort und Zeit, von Liebe und Haß, von Freude und Tätigkeit, und was die feurige, heraufwallende Jugendseele sich dabei dachte, wird alles mit verewigt – *nun wird die Sprache schon Stamm!*

Und je kleiner dieser Stamm ist, desto mehr gewinnt er an innerer Stärke. Unsre Väter, die nichts selbst gedacht, nichts selbst erfunden; die alles mechanisch gelernt haben – was bekümmern sich die um Unterricht ihrer Söhne? um Verewigung dessen, was sie ja selbst nicht besitzen? Aber der erste Vater, die ersten dürftigen Spracherfinder, die fast an jedem Worte die Arbeit ihrer Seele hingaben, die überall in der Sprache noch den warmen Schweiß fühlten, den er ihrer Würksamkeit gekostet – welchen Informator konnten die bestellen? Die ganze Sprache

---

28 Rousseau.

ihrer Kinder war ein Dialekt ihrer Gedanken, ein Loblied ihrer Taten, wie die Lieder Ossians auf seinen Vater Fingal.

Rousseau und andre haben so viel Paradoxien über den Ursprung und das Anrecht des ersten Eigentums gemacht; und hätte der erste nur die Natur seines geliebten Tiermenschen befragt: so hätte der ihm geantwortet. Warum gehört diese Blume der Biene, die auf ihr sauget? Die Biene wird antworten: weil mich die Natur zu diesem Saugen gemacht hat! mein Instinkt, der auf diese und keine andre Blume hinfällt, ist mir Diktator gnug, der mir sie und ihren Garten zum Eigentum anweise! Und wenn wir nun den ersten Menschenfragen: »Wer hat dir das Recht auf diese Kräuter gegeben?«, was kann er antworten als: die Natur, die mir Besinnung gab! Diese Kräuter habe ich mit Mühe kennen gelernt! mit Mühe habe ich sie mein Weib und meinen Sohn kennen gelehrt! Wir alle leben von ihnen! Ich habe mehr Recht daran als die Biene, die darauf summet, und das Vieh, das darauf weidet; denn die haben alle die Mühe des Kennenlernens und Kennenlehrens nicht gehabt! Jeder Gedanke also, den ich darauf gezeichnet, ist ein Siegel meines Eigentums, und wer mich davon vertreibet, der nimmt mir nicht bloß mein Leben, wenn ich diesen Unterhalt nicht wieder finde, sondern würklich auch den Wert meiner verlebten Jahre, meinen Schweiß, meine Mühe, meine Gedanken, meine Sprache – ich habe sie mir erworben! Und sollte für den Erstling der Menschheit eine solche Signatur der Seele auf eine Sache, durch Kennenlernen, durch Merkmal, durch Sprache, nicht mehr Recht des Eigentums sein als ein Stempel in der Münze?

Wieviel Ordnung und Ausbildung bekommt die Sprache also schon eben damit, daß sie väterliche Lehre wird! Wer lernt nicht, indem er lehret? Wer versichert sich nicht seiner Ideen, wer mustert nicht seine Worte, indem er sie andern mitteilt und sie so oft von den Lippen des Unmündigen stammlen höret? Hier gewinnt also schon die Sprache eine Form der Kunst, der Methode! Hier wurde die erste Grammatik, die ein Abdruck der menschlichen Seele und ihrer natürlichen Logik war, schon durch eine scharfprüfende Zensur *berichtigt.*

Rousseau, der hier, wie gewöhnlich nach seiner Art, aufruft: »Was hatte denn die Mutter ihrem Kinde viel zu sagen? hatte das Kind nicht seiner Mutter mehr zu sagen? woher lernte denn dies schon Sprache, sie seine Mutter zu lehren?«, macht aber auch hier, wie nach seiner Art gewöhnlich, ein panisches Feldgeschrei. Allerdings hatte die Mutter mehr das Kind zu lehren, als das Kind die Mutter – weil jene es mehr lehren konnte und der mütterliche Instinkt, Liebe und Mitleiden, den *Rousseau* aus Barmherzigkeit den Tieren zugibt und aus Großmut seinem Geschlecht versagt, sie zu diesem Unterricht, wie der Überfluß der Milch zum Säugen, zwang. Sehen wir denn nicht selbst an manchen Tieren, daß die Eltern ihre Jungen zu ihrer Lebensart gewöhnen? und wenn denn nun ein Vater seinen Sohn von früher Jugend an zur Jagd gewöhnte, ging dies ohne Unterricht und Sprache ab? »Ja! ein solches Wörterdiktieren zeigt schon eine *gebildete* Sprache an, die man lehrt; nicht eine, die sich erst *bildet*.« Und ist das wieder ein Unterschied, der Ausnahme mache? Freilich war *die* Sprache schon im Vater und in der Mutter *gebildet,* die sie die Kinder lehrten, aber dorfte deswegen schon die Sprache ganz gebildet sein, auch selbst die, die sie sie nicht lehrten? Und konnten denn die Kinder in einer neuen, weiten, feinen Welt nichts mehr dazuerfinden? Und ist denn eine zum Teil gebildete, sich weiter fortbildende Sprache ein Widerspruch? Wenn ist die französische, durch Akademien und Autoren und Wörterbücher so gebildete Sprache denn so zu Ende gebildet, daß sie sich nicht mit jedem neuen originalen Autor, ja mit jedem Kopfe, der neuen Ton in die Gesellschaft bringt, neu bilden oder mißbilden müßte? – Mit solchen Paralogismen sind die Verfechter der gegenseitigen Meinung behangen – man urteile, ob es lohne, sich auf jede Kleinigkeit ihrer Einwürfe einzulassen.

Ein andrer z.B. sagt: »wie doch die Menschen wohl je aus Notdurft ihre Sprache hätten *fortbilden wollen,* wenn sie Lukrezens mutum et turpe pecus gewesen wären?«, und läßt sich auf eine Menge halbwahrer Instanzen der Wilden ein. Ich antworte bloß: Niemals! Niemals hätten sie es wollen und können, wenn sie ein mutum pecus gewesen: denn da hatten sie ja keine Sprache? Sind aber die Wilden von der Art? ist denn die barbarischte menschliche Nation ohne Sprache? Und ist's denn je der Mensch als in der Abstraktion der Philosophen und also in ihrem Gehirn gewesen?

Er fragt: »ob denn wohl, da alle Tiere Zwang scheuen und alle Menschen Faulheit lieben, es je von den Orenocs des *Condamine* erwartet werden könne, daß sie ihre langgedehnte, achtsilbige, schwere und höchstbeschwerliche Sprache ändern und verbessern sollten?« Und ich antworte: zuerst ist wieder das Faktum unrichtig, wie fast alle, die er anführt.[29] Ihre langgedehnte, achtsilbige Sprache? Das ist sie nicht. *Condamine* sagt bloß, sie sei so unaussprechlich und eigenorganisiert, daß, wo sie drei oder vier Silben aussprechen, wir 7 bis 8 schreiben müßten, und doch hätten wir sie noch nicht ganz geschrieben – heißt das: sie ist langgedehnt, achtsilbigt? Und schwer, höchstbeschwerlich? Für wen ist sie dies anders als für Fremde? Und für die sollen sie sie ausbessern? für einen kommenden Franzosen, der je kaum eine Sprache, als die seinige, ohne sie zu verstümmeln, lernt, sie verbessern, sie also franzisieren? Haben aber deswegen die Orenocer noch nichts in ihrer Sprache gebildet? ja sich noch gar keine Sprache gebildet, weil sie nicht den Genius, der ihnen so eigen ist, für einen herabschiffenden Fremdling vertauschen mögen? Ja, gesetzt, sie bildeten auch nichts mehr in ihrer Sprache, auch nicht für sich – ist man denn nie gewachsen, wenn man nicht mehr wächst? Und haben denn die Wilden nichts getan, weil sie nichts gern ohne Not tun? –

Und *welcher Schatz ist Familiensprache für ein werdendes Geschlecht!* Fast in allen kleinen Nationen aller Weltteile, sowenig gebildet sie auch sein mögen, sind Lieder von ihren Vätern, Gesänge von den Taten ihrer Vorfahren der Schatz ihrer Sprache und Geschichte und Dichtkunst, ihre Weisheit und ihre Aufmunterung, ihr Unterricht und ihre Spiele und Tänze. Die Griechen sangen von ihren Argonauten, von Herkules und Bacchus, von Helden und Trojabezwingern; und die Kelten von den Vätern ihrer Stämme, von Fingal und Ossian! Unter Peruanern und Nordamerikanern, auf den Karaibischen und Marianischen Inseln herrscht noch dieser Ursprung der Stammessprache in den Liedern ihrer Stämme und Väter, so wie fast in allen Teilen der Welt Vater und Mutter ähnliche Namen haben. Nur läßt sich auch eben hier anmerken, warum unter so manchen Völkern, von denen wir Beispiele angeführt, das männliche und weibliche Geschlecht fast zwo verschiedne Sprachen haben, nämlich weil beide nach den Sitten der Nation als das edle und unedle Geschlecht fast zwei ganz abgetrennte Völker ausmachen, die nicht einmal zusammen speisen. Nach dem nun die Erziehung väterlich oder mütterlich war: so mußte auch die Sprache Vater- oder Muttersprache werden, so wie nach der Sitte der Römer es gar lingua vernacula wurde.

29 Süßmilch [S. 92].

Drittes Naturgesetz

So wie das ganze menschliche Geschlecht unmöglich eine Herde bleiben konnte: so konnte es auch nicht eine Sprache behalten. Es wird also eine Bildung verschiedner Nationalsprachen.

Im eigentlichen metaphysischen Verstande ist schon nie eine Sprache bei Mann und Weib, Vater und Sohn, Kind und Greis möglich. Man gehe z.E. unter den Morgenländern die langen und kurzen Vokale, die mancherlei Hauche und Kehlbuchstaben, die leichte und so mannigfaltige Verwechselung der Buchstaben von einerlei Organ, die Ruhe- und Sprachzeichen, mit allen Verschiedenheiten, die sich schriftlich so schwer ausdrücken lassen; durch: Ton und Akzent: Vermehrung und Verringerung desselben und hundert andre zufällige Kleinigkeiten in den Elementen der Sprache: und bemerke auf der andern Seite die Verschiedenheit der Sprachwerkzeuge bei beiderlei Geschlecht, in der Jugend und im Alter, auch nur bei zween gleichen Menschen nach so manchen Zufällen und Einzelnheiten, die den Bau dieser Organe verändern, bei so manchen Gewohnheiten, die zur zweiten Natur werden usw. Sowenig als es zween Menschen ganz von einerlei Gestalt und Gesichtszügen, sowenig kann es zwo Sprachen, auch nur der Aussprache nach, im Munde zweener Menschen geben, die doch nur *eine* Sprache wären.

Jedes Geschlecht wird in seine Sprache Haus- und Familienton bringen: das wird, der Aussprache nach, verschiedne Mundart.

Klima, Luft und Wasser, Speise und Trank, werden auf die Sprachwerkzeuge und natürlich auch auf die Sprache einfließen.

Die *Sitte der Gesellschaft* und die mächtige *Göttin der Gewohnheit* werden bald nach Gebärden und Anstand diese Eigenheiten und jene Verschiedenheiten einführen – ein Dialekt. – – Ein philosophischer Versuch über die verwandten Spracharten der Morgenländer wäre der angenehmste Beweis dieser Sätze.

Das war nur Aussprache. Aber *Worte* selbst, *Sinn, Seele der Sprache* – welch ein unendliches Feld von Verschiedenheiten. Wir haben gesehen, wie die ältesten Sprachen voller Synonyme haben werden müssen, und wenn nun von diesen Synonymen dem einen dies, dem andern jenes geläufiger, seinem Sehepunkt angemeßner, seinem Empfindungskreise ursprünglicher, in seiner Lebensbahn öfter vorkommend, kurz von mehrerm Eindruck auf ihn wurde, so gab's Lieblingsworte, eigne Worte, Idiotismen, ein Idiom der Sprache.

Bei jenem ging jenes Wort aus; das blieb. Jenes ward durch einen Nebengesichtspunkt von der Hauptsache weggebogen; hier veränderte sich mit der Zeitfolge der Geist des Hauptbegriffs selbst – da wurden also eigne Biegungen, Ableitungen, Veränderungen, Vor- und Zusätze und Versetzungen und Wegnahmen von ganzen und halben Bedeutungen – ein neues Idiom! Und das alles so natürlich, als Sprache dem Menschen Sinn seiner Seele ist.

Je lebendiger eine Sprache, je näher sie ihrem Ursprunge und also noch in den Zeiten der Jugend und des Wachstums ist: desto veränderlicher. Ist sie nur in Büchern da, wo sie nach Regeln gelernt, nur in Wissenschaften und nicht im lebendigen Umgange gebraucht wird, wo sie ihre bestimmte Zahl von Gegenständen und von Anwendungen hat, wo also ihr Wörterbuch geschlossen, ihre Grammatik geregelt, ihre Sphäre fixiert ist – eine solche Sprache kann noch eher im Merklichen unverändert bleiben, und doch auch da nur im Merklichen – – Allein eine im wilden freien Leben, im Reich der großen, weiten Schöpfung, noch ohne förmlich geprägte Regeln, noch ohne Bücher und Buchstaben und angenommene Meisterstücke; so dürftig und unvollendet, um noch täglich bereichert werden zu müssen, und so jugendlich gelenkig, um es noch täglich auf den ersten Wink der Aufmerksamkeit, auf den ersten Befehl der Leidenschaft und Empfindung werden zu können – *sie muß sich verändern in jeder neuen Welt, die man sieht, in jeder Methode, nach der man denkt und fortdenkt.* Ägyptische Gesetze der Einförmigkeit können hier nicht das Gegenteil bewürken.

Nun ist offenbar der ganze Erdboden für das Menschengeschlecht und dies für den ganzen Erdboden gemacht – (ich sage nicht, jeder Bewohner der Erde, jedes Volk ist plötzlich durch den raschesten Übersprung für das entgegengesetzteste Klima und so für alle Weltzonen; sondern das ganze Geschlecht für den ganzen Erdkreis). Wo wir uns umhersehen, da ist der Mensch so zu Hause wie die Landtiere, die ursprünglich für diese Gegend bestimmt sind. Er dauret in Grönland unter dem Eise und bratet sich in Guinea unter der senkrechten Sonne, ist auf seinem Felde, wenn er in Lappland mit dem Rentier über den Schnee schlüpft und wenn er die arabische Wüste mit dem durstigen Kamel durchtrabet. Die Höhle der Troglodyten und die Bergspitzen der Kabylen, der

Rauchkamin der Ostjaken und der goldne Palast des Moguls enthält – Menschen. Für die ist die Erde am Pol geplättet und am Äquator erhöhet: für die wälzt sie sich so und nicht anders um die Sonne: für die sind ihre Zonen und Jahreszeiten und Veränderungen – und diese sind wieder für die Zonen, für die Jahreszeiten und Veränderungen der Erde. Das Naturgesetz ist also auch hier sichtbar: Menschen sollen überall auf der Erde wohnen, da jede Tiergattung bloß ihr Land und engere Sphäre haben: *der Erdbewohner wird sichtbar.* Und ist das, so wird auch *seine Sprache Sprache der Erde.* Eine neue in jeder neuen Welt; Nationalsprache in jeder Nation – ich kann alle vorige Bestimmungsursachen der Veränderung nicht wiederholen – die Sprache wird ein Proteus auf der runden Oberfläche der Erde.

Manche neue Modephilosophen haben diesen Proteus so wenig fesseln und in seiner wahren Gestalt erblicken können, daß es ihnen wahrscheinlicher vorgekommen, daß die Natur in jeden großen Erdstrich so gut ein paar Menschen zu Stammeltern habe hinschaffen können wie in jedes Klima eigne Tiere. Diese hätten sich sodann *solch eine eigne Land- und Nationalsprache erfunden,* wie ihr ganzer Bau nur für dies Land sei gemacht worden. Der kleine Lappländer mit seiner Sprache und mit seinem dünnen Bart, mit seinen Geschicklichkeiten und seinem Temperament sei ein so ursprünglich lappländisches Menschentier als sein Rentier; und der Neger mit seiner Haut, mit seiner Tintblasenschwärze, mit seinen Lippen und Haar und Truthühnersprache und Dummheit und Faulheit sei ein natürlicher Bruder der Affen desselben Klimas. Es sei sowenig Ähnlichkeit zwischen den Sprachen der Erde auszuträumen als zwischen den Bildungen der Menschengattungen; und es hieße sehr unweise von Gott gedacht, nur *ein* Paar Menschen als Stammeltern für die ganze Erde so schwach und schüchtern, zum Raube der Elemente und Tiere in einen Erdewinkel dahingesetzt und einem tausendfachen Ungefähr von Gefahren überlassen zu haben – –

Wenigstens, fährt eine weniger behauptende Meinung fort, wäre die Sprache eine natürliche Produktion des menschlichen Geistes, die sich nur allmählich mit dem Menschengeschlecht nach fremden Klimaten hingezogen hätte: so müßte sie sich auch nur allmählich verändert haben. *Man müßte die Abändrung, den Fortzug und die Verwandschaft der Völker im Verhältnisse fortgeben sehen* und sich überall nach kleinen Nuancen von Denk- und Mund- und Lebensart genaue Rechenschaft geben können. Wer aber kann das? Findet man nicht in demselben Klima, ja dicht aneinander in allen Weltteilen kleine Völker, die in einerlei Kreise so verschiedne und entgegengesetzte Sprachen haben, daß alles ein böhmischer Wald wird? Wer Reisebeschreibungen von Nord- und Südamerika, von Afrika und Asien gelesen, dem dörfen nicht die Stämme dieses Waldes vorgerechnet werden – Hier, schließen diese Zweifler, hört also alle menschliche Untersuchung auf.

Und weil diese letzten bloß zweiflen, so will ich versuchen, zu zeigen, daß hier die Untersuchung nicht aufhöre, sondern *daß sich diese Verschiedenheit dicht aneinander ebenso natürlich erklären lasse als die Einheit der Familiensprache in einer Nation.*

Die Trennung der Familien in abgesonderte Nationen geht gewiß nicht nach den langweiligen Verhältnissen von Entfernung, Wanderung, neuer Beziehung und dergl., wie der müßige kalte Philosoph, den Zirkel in der Hand, auf der Landkarte abmißt und wie nach diesem Maße große Bücher von Verwandschaften der Völker geschrieben worden, an denen alles, nur die Regel nicht wahr ist, nach der alles berechnet wurde. Tun wir einen Blick in die lebendige, würksame Welt, so sind Triebfedern da, die die Verschiedenheit der Sprache unter den nahen Völkern sehr natürlich veranlassen müssen, nur man wolle den Menschen nach keinem Lieblingssystem umzwingen. Er ist kein *Rousseauscher* Waldmann: er hat Sprache. Er ist kein *Hobbesischer* Wolf: Er hat eine Familiensprache. Er ist aber auch in andern Verhältnissen kein unzeitiges Lamm: Er kann sich also entgegengesetzte Natur, Gewohnheit und Sprache bilden – kurz! *der Grund von dieser Verschiedenheit so naher, kleiner Völker in Sprache, Denk- und Lebensart ist – gegenseitiger Familien- und Nationalhaß.*

Ohne alle Verschwärzung und Verketzerung der menschlichen Natur können zween oder mehrere nahe Stämme, wenn wir uns in ihre Familiendenkart setzen, nicht anders, als bald Gegenstände des Zwistes finden. Nicht bloß, daß ähnliche Bedürfnisse sie bald in einen Streit, wenn ich so sagen darf, des Hungers und Durstes verwickeln, wie sich z. E. zwo Rotten von Hirten über Brunnen und Weide zanken und nach Beschaffenheit der Weltgegenden oft sehr natürlich zanken dörfen; ein viel heißerer Funke glimmt ihr Feuer an – Eifersucht, Gefühl der Ehre, Stolz auf ihr Geschlecht und ihren Vorzug. Dieselbe Familienneigung, die, in sich selbst gekehrt. Stärke der Eintracht *eines* Stammes gab, macht, außer sich gekehrt, gegen ein andres Geschlecht, Stärke der Zwietracht, Familienhaß: dort zog's viele zu *einem* desto fester zusammen; hier macht's aus zwei Parteien gleich Feinde. Der Grund dieser Feindschaft und ewigen Kriege ist in solchem Falle mehr edle menschliche Schwachheit als niederträchtiges Laster.

Da die Menschheit auf dieser Stufe der Bildung mehr Kräfte der Würksamkeit als Güter des Besitzes hat: so ist auch der Stolz auf jene mehr Ehrenpunkt als das leidige Besitztum der letzten wie in spätern nervenlosen Zeiten. Ein braver Mann zu sein und einer braven Familie zugehören war aber im damaligen Zeitalter fast eins, da der Sohn in vielem Betracht noch eigentlicher als bei uns seine Tugend und Tapferkeit vom Vater erbte, lernte, und der ganze Stamm überhaupt bei allen Gelegenheiten für *einen* braven Mann stand. Es ward also bald das Wort natürlich: *Wer nicht mit und aus uns ist, der ist unter uns!* Der Fremdling ist schlechter als wir, ist *Barbar*. In diesem Verstande war Barbar das Losungswort der Verachtung: ein Fremder und zugleich ein Unedlerer, der uns an Weisheit oder Tapferkeit, oder was der Ehrenpunkt des Zeitalters sei, nicht gleichkommt.

Nun ist dies freilich, wie ein Engländer richtig anmerkt, wenn es bloß auf Eigennutz und Sicherheit des Besitzes ankommt, kein Grund zum Hasse, daß der Nachbar nicht so tapfer als wir ist: sondern wir sollten uns in der Stille darüber freuen. Allein, eben weil diese Meinung nur Meinung und von beiden Teilen, die gleiches Gefühl des Stammes haben, gleiche Meinung ist: so ist eben damit die Trompete des Krieges geblasen! Das gilt die Ehre; das weckt den Stolz und Mut des ganzen Stammes! von beiden Seiten Helden und Patrioten! Und weil jeden die Ursache des Krieges traf, und jeder sie einsehen und fühlen konnte, so wurde der Nationalhaß in ewigen, bittern Kriegen verewigt, und da war die zweite Synonyme fertig: *wer nicht mit mir ist, ist gegen mich.* Barbar und Gehässiger! Fremdling, Feind! wie bei den Römern ursprünglich das Wort hostis![30]

Das dritte folgte unmittelbar, völlige Trennung und Absonderung. Wer wollte mit einem solchen Feinde, dem verächtlichen Barbar, was gemein haben? keine Familiengebräuche, kein Andenken an *einen* Ursprung, und am wenigsten Sprache: da Sprache eigentlich Merkwort

---

30 Voss., »Etymol[ogicum linguae latinae]«.

des Geschlechts, Band der Familie, Werkzeug des Unterrichts, Heldengesang von den Taten der Väter und die Stimme derselben aus ihren Gräbern war. Die konnte also unmöglich einerlei bleiben, und so schuf dasselbe Familiengefühl, das *eine* Sprache gebildet hatte, da es Nationalhaß wurde, oft Verschiedenheit, völlige Verschiedenheit der Sprache. *Er ist Barbar, er redet eine fremde Sprache* – die dritte, so gewöhnliche Synonyme.

So umgekehrt die Etymologie dieser Worte scheine, so beweiset doch die Geschichte aller kleinen Völker und Sprachen, über die die Frage gilt, völlig ihre Wahrheit; die Absätze der Etymologie sind auch nur Abstraktionen, nicht Trennungen in der Geschichte. Alle solche nahen Polyglotten sind zugleich die grimmigsten, unversöhnlichsten Feinde: und zwar alle nicht aus Raub und Habsucht, da sie meistens nicht plündern, sondern nur töten und verwüsten und *dem Schatten ihrer Väter opfern*. Schatten der Väter sind die Gottheiten und die einzigen unsichtbaren Maschinen der ganzen blutigen Epopee, wie in den Gesängen Ossians. Sie sind's, die den Anführer in Träumen wecken und beleben und denen er seine Nächte wacht: sie sind's, deren Namen seine Begleiter in Schwüren und Gesängen nennen: sie sind's, denen man die Gefangnen in allen Martern weiht, und sie sind's auch gegenteils, die den Gemarterten in seinen Gesängen und Todesliedern stärken. Verewigter Familienhaß ist also die Ursache ihrer Kriege, ihrer so eifersüchtigen Abtrennungen in Völker, die oft kaum nur Familien gleichen, und nach aller Wahrscheinlichkeit auch der *völligen Unterschiede ihrer Gebräuche und Sprachen*.

Eine morgenländische Urkunde über die Trennung der Sprachen[31] (die ich hier nur als ein poetisches Fragment zur Archäologie der Völkergeschichte betrachte) bestätigt durch eine sehr dichterische Erzählung, was so viel Nationen aller Weltteile durch ihr Beispiel bestätigen. Nicht allmählich verwandelten sich die Sprachen, wie sie der Philosoph durch Wanderungen vervielfältigt; die Völker vereinigten sich, sagt das Poem, zu *einem* großen Werke; da floß über sie der Taumel der Verwirrung und der Vielheit der Sprachen – daß sie abließen und sich trennten – was war dies als *eine schnelle Verbittrung und Zwietracht,* zu der eben ein solches großes Werk den reichsten Anlaß gab? Da wachte der viel-

---

31   I. Mos. II.

leicht bei einer kleinen Gelegenheit beleidigte Familiengeist auf: Bund und Absicht zerschlug sich: der Funke der Uneinigkeit schoß in Flammen: sie flogen auseinander: und taten das jetzt um so heftiger, dem sie durch ihr Werk hatten zuvorkommen wollen: sie verwirrten das *eine* ihres Ursprungs, ihre Sprache. So wurden verschiedne Völker, und da, sagt der spätere Bericht, heißen noch die Trümmer: *Verwirrung der Völker!* – wer den Geist der Morgenländer in ihren oft so umhergeholten Einkleidungen und episch-wunderbaren Geschichten kennt (ich will hier für die Theologie keine höhere Veranstaltung ausschließen), der wird vielleicht den sinnlich gemachten Hauptgedanken nicht verkennen, daß Vereinigung über einer großen gemeinschaftlichen Absicht und nicht bloß die Völkerwandrung mit eine Ursache zu so vielen Sprachen geworden.

Dies morgenländische Zeugnis (was ich doch überdem hier nur als Poem anführen wollte) dahingestellet, siehet man, daß die *Vielheit der Sprachen keinen Einwurf gegen das Natürliche und Menschliche der Fortbildung einer Sprache abgeben könne.* Hier und da können freilich Berge durch Erdbeben hervorgehoben sein; allein folgt denn daraus, daß die Erde im Ganzen mit ihren Gebürgen und Strömen und Meeren nicht ihre Gestalt aus Wasser könne gewonnen haben? – – Nur freilich wird auch eben damit den Etymologisten und Völkerforschern ein nützlicher Stein der Behutsamkeit auf die Zunge gelegt, *aus den Sprachunähnlichkeiten nicht zu despotisch auf ihre Abstammung zu schließen.* Es können Familien sehr nahe verwandt sein und doch Ursache gehabt haben, die Verwandschaft der Wappen zu unterdrücken. Der Geist solcher kleinen Völker gibt dazu Ursache gnug.

Viertes Naturgesetz

So wie nach aller Wahrscheinlichkeit das menschliche Geschlecht ein progressives Ganze von einem Ursprunge in einer großen Haushaltung ausmacht: so auch alle Sprachen, und mit ihnen die ganze Kette der Bildung.

Der sonderbare charakteristische Plan ist bemerkt, der über einen Menschen waltet: seine Seele ist gewohnt, immer das, was sie sieht, zu reihen mit dem, was sie sähe, und durch Besonnenheit wird also *ein progressives eins aller Zustände des Lebens* – mithin *Fortbildung der Sprache.*

Der sonderbare charakteristische Plan ist bemerkt, der über *ein* Menschengeschlecht waltet, daß *durch die Kette des Unterrichts Eltern und Kinder eins werden* und jedes Glied also nur von der Natur zwischen zwei andre hingeschoben wird, um zu empfangen und mitzuteilen – dadurch *wird Fortbildung der Sprache.*

Endlich geht dieser sonderbare Plan auch aufs *ganze* Menschengeschlecht fort; und dadurch wird eine *Fortbildung im höchsten Verstande,* die aus den beiden vorigen unmittelbar folgt.

Jedes Individuum ist Mensch, folglich denkt er die Kette seines Lebens fort. Jedes Individuum ist Sohn oder Tochter: ward durch Unterricht gebildet: folglich bekam es immer einen Teil der Gedankenschätze seiner Vorfahren frühe mit und wird sie nach seiner Art weiterreichen – also ist auf gewisse Weise kein Gedanke, keine Erfindung, keine Vervollkommung, die nicht weiter, fast ins Unendliche reiche. So wie ich keine Handlung tun, keinen Gedanken denken kann, der nicht auf die ganze Unermeßlichkeit meines Daseins natürlich hinwürke, so nicht ich und kein Geschöpf meiner Gattung, was nicht mit jedem auch für die ganze Gattung und für das fortgehende Ganze der ganzen Gattung würke. Jedes treibt immer eine große oder kleine Welle: jedes verändert den Zustand der einzelnen Seele, mithin das Ganze dieser Zustände; würkt immer auf andre; verändert auch in diesen etwas – der erste Gedanke in der ersten menschlichen Seele hängt mit dem letzten in der letzten menschlichen Seele zusammen.

Wäre Sprache dem Menschen so angeboren als den Bienen der Honigbau, *so zerfiele mit einmal dies größeste prächtigste Gebäude in Trümmern!* Jeder brächte sich sein wenig Sprache auf die Welt, oder, da doch das Auf-die-Welt-Bringen für eine Vernunft nichts heißt als sie sich gleich erfinden – welch ein trauriges Einzelne wird jeder Mensch! Jeder erfindet seine Rudimente, stirbt über ihnen, und nimmt sie ins Grab, wie die Biene ihren Kunstbau: der Nachfolger kommt, quält sich über denselben Anfängen, kommt ebensoweit oder ebensowenig weit, stirbt – und so geht's ins Unendliche. Man siehet, der Plan, der über die Tiere geht, die nichts erfinden, kann nicht über Geschöpfe gehen, die erfinden müssen, oder es wird ein planloser Plan! *Erfindet jedes für sich allein, so wird unnütze Mühe ins Unendliche verdoppelt und der erfindende Verstand seines besten Preises beraubt, zu wachsen.*

Was für Grund hätte ich nun, irgendwo in der Kette stillezustehen und nicht, solange ich denselben Plan wahrnehme, auch auf die Sprache hinaufzuschließen? Kam ich auf die Welt, um sogleich in den Unterricht der Meinigen eintreten zu müssen, so mein Vater, so der erste Sohn des ersten Stammvaters auch, und wie ich meine Gedanken um mich und in meine Abfolge breite, so mein Vater, so sein Stammvater; so der erste aller Väter. Die Kette reicht fort und steht nur bei *einem,* dem ersten, stille: so sind wir alle seine Söhne: von ihm fängt sich Geschlecht, Unterricht, Sprache an. Er hat zu erfinden angefangen; wir alle haben ihm nacherfunden, bilden und mißbilden. Kein Gedanke in *einer* menschlichen Seele war verloren; nie aber war auch *eine* Fertigkeit dieses Geschlechts auf *einmal* ganz da wie bei den Tieren: zufolge der ganzen Ökonomie war sie immer im Fortschritte, im Gange: nichts Erfundnes wie der Bau einer Zelle, sondern alles im Erfinden, im Fortwürken, strebend. In diesem Gesichtspunkt, wie groß wird die Sprache! *Eine Schatzkammer menschlicher Gedanken,* wo jeder auf seine Art etwas beitrug! *eine Summe der Würksamkeit aller menschlichen Seelen.*

Höchstens – tritt hier die vorige Philosophie, die den Menschen gern als ein Land- und Domänengut betrachten möchte, dazwischen –, höchstens dürfte diese Kette doch wohl nur bis *an jeden einzelnen ersten Stammvater eines Landes reichen,* von dem sich sein Geschlecht wie seine Landsprache erzeugte.[32] Ich wüßte nicht, warum sie nur bis dahin und nicht weiter reichen sollte? warum diese Landesväter nicht wieder unter sich einen Erdenvater könnten gehabt haben, da die ganze fortgehende Ähnlichkeit der Haushaltung dieses Geschlechts es so fordert, »Ja«, hörten wir den Einwurf, »als wenn's weise gewesen wäre, *ein* schwaches, elendes Menschenpaar in *einen* Winkel der Erde zum Raube der Gefahr auszustellen?« – und als wenn's *weiser* gewesen wäre, viele solche schwache Menschenpaare einzeln in verschiedene Winkel der Erde zum Raube zehnfach ärgerer Gefahren zu machen? Der Fall wagender Unvorsichtigkeit ist nicht bloß überall derselbe, sondern er wird auch mit jeder Vervielfältigung unendlich vermehrt. Ein Menschenpaar,

---

32 Philosophie de l'historie etc., etc.

irgendwo, im besten, bequemsten Klima der Erde, wo die Jahreszeit ihrer Nacktheit am wenigsten strenge ist, wo der fruchtbare Boden den Bedürfnissen ihrer Unerfahrenheit von selbst zustatten kommt, wo gleichsam alles umhergelagert ist wie eine Werkstätte, um der Kindheit ihrer Künste zu Hülfe zu kommen – ist dies Paar nicht weiser versorgt als jedes andre menschliche Landtier, was unter dem unfreundlichsten Himmel in Lappland oder Grönland, mit der ganzen Dürftigkeit der nackten, erfrornen Natur umgeben, den Klauen ebenso dürftiger, hungriger und um so grausamerer Tiere, mithin unendlich mehrern Ungemächlichkeiten ausgesetzt ist? Die Sicherheit der Erhaltung nimmt also ab, je mehr die ursprünglichen Erdemenschen verdoppelt werden. Und denn, wie lange bleibt das Paar im seligem Klima *ein* Paar? Es wird bald Familie, bald kleines Volk, und wenn es sich nun, als Volk, ausbreitet: es kommt in ein ander Land – es kommt schon als Volk hinein – wie weiser! wie sichrer! Viel an Anzahl, mit gehärteten Körpern, mit versuchten Seelen, ja mit dem ganzen Schatze von Erfahrungen ihrer Vorfahren beerbt – wie vielfach also verstärkte und verdoppelte Seelen! Nun sind sie fähig, sich bald zu Landgeschöpfen dieser Gegend zu vervollkommen! Sie werden in kurzem so eingeboren als die Tiere des Klima mit Lebensart, Denkart und Sprache – beweiset nicht aber ebendies den natürlichen Fortgang des menschlichen Geistes, der sich aus einem gewissen Mittelpunkt zu allem bilden kann? Es kommt nie auf eine Menge bloßer Zahlen, sondern auf die Gültigkeit und Progression ihrer Bedeutung: nie auf eine Menge schwacher Subjekte, sondern auf Kräfte an, mit denen sie würken. Diese würken eben im simpelsten Verhältnis am stärksten; und nur die Bande umfangen also das ganze Geschlecht, die von *einem* Punkte der Verknüpfung ausgehen.

Ich lasse mich in keine weitere Gründe dieses einstämmigen Ursprungs ein: daß z. E. noch keine wahren Data von neuen Menschengattungen, die diesen Namen, wie die Tiergattungen, verdienten, aufgefunden sind; daß die offenbar allmähliche und fortgehende Bevölkerung der Erde gerade das Gegenteil von eingebornen Landtieren zeige; daß die Kette der Kultur und ähnlicher Gewohnheiten es auch, nur dunkler, zeige usw.; ich bleibe bei der Sprache. Wären die Menschen Nationaltiere, wo jedes die seinige sich ganz unabhängig und abgetrennt von andern selbst erfunden hätte: so müßte diese gewiß eine Verschiedenartigkeit zeigen, als vielleicht die Einwohner des Saturns und der Erde gegeneinander haben mögen – *und doch gebt bei uns offenbar alles auf einem Grunde fort.* Auf einem Grunde nicht bloß, was die Form, sondern was würklich *den Gang,* des menschlichen Geistes betrifft: denn unter allen Völkern der Erde ist die Grammatik beinahe *auf einerlei Art gebaut.* Die einzige chinesische macht, meines Wissens, eine wesentliche Ausnahme, die ich mir aber als Ausnahme sehr zu erklären getraue – wie viel Chinesergrammatiken, und wie viele Arten derselben müßten sein, wenn die Erde voll spracherfindender Landtiere gewesen wäre!

Woher kommt's, daß so viel Völker ein Alphabet haben, und doch fast nur *ein* Alphabet auf dem Erdboden sei? Der sonderbare, und schwere Gedanke, sich aus den Bestandteilen der willkürlichen Worte, aus Lauten, willkürliche Zeichen zu bilden, ist so springend, so verwickelt, so sonderbar, daß es gewiß unerklärlich wäre, wie viele und so viele auf den *einen* so entfernten Gedanken, und alle ganz auf *eine* Art auf ihn gefallen wären. Daß sie alle die weit natürlichem Zeichen, die Bilder von Sachen vorbeiließen und Hauche malten, unter allen möglichen dieselben zwanzig malten und sich gegen die übrigen fehlenden dürftig behalfen, daß zu diesen zwanzig so viele dieselben willkürlichen Zeichen nahmen – wird hier nicht Überlieferung sichtbar? Die morgenländischen Alphabete sind im Grunde eins: das griechische, lateinische, runische, deutsche usw. Ableitungen: das deutsche hat also noch mit dem koptischen Buchstaben gemein, und Irländer sind kühn gnug gewesen, den Homer für eine Übersetzung aus ihrer Sprache zu erklären. Wer kann, so wenig oder viel er drauf rechne, im Grunde der Sprachen Verwandschaft ganz verkennen? Wie *eilt* Menschenvolk nur auf der Erde wohnt, so auch nur *eine* Menschensprache: wie aber diese große Gattung sich in so viele kleine Landarten nationalisiert hat: so ihre Sprachen nicht anders.

Viele haben sich mit den Stammlisten dieser Sprachengeschlechter versucht; ich versuche es nicht – denn wie viele, viele Nebenursachen konnten in dieser Abstammung und in der Kenntlichkeit dieser Abstammung Veränderungen machen, auf die der etymologisierende Philosoph nicht rechnen kann und die seinen Stammbaum trügen. Zudem sind unter den Reisebeschreibern und selbst Missionarien so wenig wahre Sprachphilosophen gewesen, die uns von dem Genius und dem charakteristischen Grunde ihrer Völkersprachen hätten Nachricht geben können oder wollen, daß man im allgemeinen hier noch in der Irre gehet. Sie geben Verzeichnisse von Wörtern – und aus *dem* Schällenkrame soll man schließen! Die Regeln der wahren Sprachdeduktion sind auch so fein, daß wenige – – doch das ist alles nicht mein Werk! Im Ganzen bleibt das Naturgesetz sichtbar: *Sprache pflanze und bilde sich mit dem menschlichen Geschlechte fort*; in diesem Gesetze zähle ich nur *Hauptarten* auf, *die verschiedne Dimension geben*.

I. Jeder Mensch hat freilich alle Fähigkeiten, die sein ganzes Geschlecht, und jede Nation die Fähigkeiten, die alle Nationen haben; es ist indessen doch wahr, daß eine Gesellschaft mehr als ein Mensch und das ganze menschliche Geschlecht mehr als ein einzelnes Volk erfinde; und das zwar nicht bloß nach Menge der Köpfe, sondern nach vielfach- und innigvermehrtern Verhältnissen. Man sollte denken, daß ein einsamer Mensch, ohne drängende Bedürfnisse, mit aller Gemächlichkeit der Lebensart z.E. viel mehr Sprache erfinden, daß seine Muße ihn dazu antreiben werde, seine Seelenkräfte zu üben, mithin immer etwas Neues zu erdenken usw.; allein das Gegenteil ist klar. Er wird ohne Gesellschaft immer auf gewisse Weise verwildern und bald in Untätigkeit ermatten, wenn er sich nur erst in den Mittelpunkt gesetzt hat, seine nötigsten Bedürfnisse zu befriedigen. Er ist immer eine Blume, die, aus ihren Wurzeln gerissen, von ihrem Stamm gebrochen, daliegt und welkt. – – Setzt ihn in Gesellschaft und mehrere Bedürfnisse: er habe für sich und andre zu sorgen; man sollte denken, diese neue Lasten nehmen ihm die Freiheit, sich emporzuheben; dieser Zuwachs von Peinlichkeiten die Muße, zu erfinden; aber gerade umgekehrt. Das Bedürfnis strengt ihn an: die Peinlichkeit weckt ihn: die Rastlosigkeit hält seine Seele in Bewegung: er wird desto mehr tun, je wundersamer es wird, daß er's tue. *So wächst also die Fortbildung einer Sprache von einem einzelnen bis zu einem Familienmenschen schon in sehr zusammengesetztem Verhältnis.* Alles andre abgerechnet, wie wenig würde doch der Einsame, selbst der einsame Sprachenphilosoph auf seiner wüsten Insel erfinden! wie viel mehr und stärker der Stammvater, der Familienmann: *die Natur hat also diese Fortbildung gewählet.*

II. Eine einzelne, abgetrennte Familie, denkt man, wird ihre Sprache bei Bequemlichkeit und Muße mehr ausbilden können, als bei Zerstreuungen, Krieg gegen einen andern Stamm usw.; allein nichts weniger. Je mehr sie gegen andre gekehrt ist, desto stärker wird sie in sich zusammengedrängt: desto mehr setzt sie sich auf ihre Wurzel, macht die

Taten ihrer Vorfahren zu Liedern, zu Aufrufungen, zu ewigen Denkmalen: erhält dieses Sprachandenken um desto reiner und patriotischer – *die Fortbildung der Sprache, als Mundart der Väter, gebt desto stärker fort: darum hat die Natur diese Fortbildung gewählet.*

III. Mit der Zeit aber setzt sich dieser Stamm, wenn er in eine kleine Nation angewachsen ist, auch in seinen Zirkel fest. Er hat seinen gemeßnen Kreis von Bedürfnissen und für diese auch Sprache. Weiter gehet er nicht, wie wir an allen kleinen sogenannten barbarischen Nationen sehen. Mit ihren Notwendigkeiten abgeteilt, können sie jahrhundertelang in der sonderbarsten Unwissenheit bleiben, wie jene Inseln ohne Feuer und so viel andre Völker ohne die leichtesten mechanischen Künste. Es ist, als ob sie nicht Augen hätten, zu sehen, was ihnen vorliegt. Daher alsdenn das Geschrei andrer Völker auf solche als auf dumme, unmenschliche Barbaren; da wir alle doch vor weniger Zeit ebendieselben Barbaren waren und diese Kenntnisse nur von andern Völkern bekamen! Daher auch das Geschrei so mancher Philosophen über diese Dummheit als die unbegreiflichste Sache, da doch nach der Analogie der ganzen Haushaltung mit unsrem Geschlecht nichts begreiflicher ist als sie! – Hier hat die Natur eine neue Kette geknüpft, *die Überlieferung von Volk zu Volk!* So haben sich Künste, Wissenschaften, Kultur und Sprache in einer großen Progression Nationen hin verfeinert – *das feinste Band der Fortbildung, was die Natur gewählet.*

Wir Deutsche würden noch ruhig, wie die Amerikaner, in unsern Wäldern leben, oder vielmehr noch in ihnen rauh kriegen und Helden sein, wenn die Kette fremder Kultur nicht so nah an uns gedrängt und mit der Gewalt ganzer Jahrhunderte uns genötigt hätte, mit einzugreifen. Der Römer holte so seine Bildung aus Griechenland, der Grieche bekam sie aus Asien und Ägypten, Ägypten aus Asien, China vielleicht aus Ägypten – so geht die Kette von *einem* ersten Ringe fort und wird vielleicht einmal über die Erde reichen. Die Kunst, die einen griechischen Palast bauete, zeigt sich bei dem Wilden schon im Bau einer Waldhütte; wie die Malerei *Mengs'* und *Dietrichs* schon im rohesten Grunde auf dem rotbemalten Schilde Hermanns glänzte. Der Eskimo vor seinem Kriegsheere hat schon alle Keime zu einem künftigen *Demosthen* und jene Nation von Bildhauern am Amazonenstrome[33] viel-

---

33 de la Condamine.

leicht tausend künftige *Phidias*. Lasset nur andre Nationen vor- und jene umrücken: so ist alles, wenigstens in den gemäßigten Zonen, wie in der alten Welt. Ägypter und Griechen, und Römer und Neuere taten nichts als fortbauen; Perser, Tartaren, Goten und Pfaffen kommen dazwischen und machen Trümmern; desto frischer bauet sich's *aus* und *nach* und *auf* solchen alten Trümmern weiter. Die Kette einer gewissen Vervollkommung der Kunst geht über alles fort (obgleich andre Eigenschaften der Natur wiederum dagegen leiden) und so auch *über die Sprache*. Die arabische ist ohne Zweifel hundertmal feiner als ihre Mutter im ersten rohen Anfange: unser Deutsch ohne Zweifel feiner als das alte Keltische: die Grammatik der Griechen konnte besser sein und werden als die morgenländische, denn sie war Tochter: die römische philosophischer als die griechische, die französische als die römische: – ist der Zwerg auf den Schultern des Riesen nicht immer größer als der Riese selbst?

Nun sieht man auf einmal, wie trüglich der Beweis *für die Göttlichkeit der Sprache aus ihrer Ordnung und Schönheit* werde – Ordnung und Schönheit sind da, aber wenn, wie und woher gekommen? Ist denn diese so bewunderte Sprache die Sprache des Ursprungs? oder nicht schon das Kind ganzer Jahrhunderte und vieler Nationen? Siehe! an diesem großen Gebäude haben Nationen und Weltteile und Zeitalter gebauet; und darum konnte jene arme Hütte nicht der Ursprung der Baukunst sein? darum mußte gleich ein Gott die Menschen solchen Palast bauen lehren? weil Menschen gleich solchen Palast nicht hätten bauen können – welch ein Schluß! und welch ein Schluß überhaupt ist's: diese große Brücke zwischen zwo Bergen begreife ich nicht ganz, wie sie gebauet sei – folglich hat sie der Teufel gebauet! Es gehört ein großer Grad Kühnheit oder Unwissenheit dazu, zu leugnen, daß sich nicht die Sprache mit dem menschlichen Geschlecht nach allen Stufen und Veränderungen fortgebildet: das zeigt Geschichte und Dichtkunst, Beredsamkeit und Grammatik, ja, wenn alles nicht, so Vernunft. Hat sie sich nun ewig so fortgebildet und nie zu bilden angefangen? oder immer menschlich gebildet, so daß Vernunft nicht ohne sie, und sie ohne Vernunft nicht gehen konnte – und mit einmal ist ihr Anfang anders? und das so ohne Sinn und Grund anders, wie wir anfangs gezeigt? In allen Fällen wird die Hypothese eines göttlichen Ursprungs in der Sprache – versteckter, feiner Unsinn!

Ich wiederhole das mit Bedacht gesagte, harte Wort *Unsinn!* und will mich zum Schluß erklären. Was heißt ein göttlicher Ursprung der Sprache als entweder: *ich kam die Sprache aus der menschlichen Natur nicht erklären:* folglich *ist sie göttlich* – ist Sinn in dem Schlusse? Der Gegner sagt: *ich kann sie aus der menschlichen Natur und aus ihr vollständig erklären* – wer hat mehr gesagt? Jener versteckt sich hinter eine Decke und ruft hervor: Hier ist Gott! Dieser stellt sich sichtbar auf den Schauplatz, handelt – »sehet! ich bin ein Mensch!«

oder ein höherer Ursprung sagt: *weil ich die menschliche Sprache nicht aus der menschlichen Natur erklären kann:* so kann *durchaus keiner* sie erklären – sie ist durchaus *unerklärbar:* ist in dem Schlusse Folge? Der Gegner sagt: *mir ist kein Element der Sprache in ihrem Beginn* und *in jeder ihrer Progression aus der menschlichen Seele unbegreiflich: ja die ganze menschliche Seele wird mir unerklärbar, wenn ich in ihr nicht Sprache setze, das ganze menschliche Geschlecht* bleibt nicht *das Naturgeschlecht* mehr, wenn's nicht die *Sprache fortbildet* – wer hat mehr gesagt? – wer sagt Sinn?

oder endlich die höhere Hypothese sagt gar: nicht bloß keiner kann die Sprache aus der menschlichen Seele begreifen: sondern ich sehe auch *deutlich die Ursache,* warum sie ihrer Natur und der Analogie ihres Geschlechts nach *durchaus für Menschen unerfindbar war.* Ja ich sehe in der Sprache und *im Wesen der Gottheit die Ursache deutlich, warum keiner als Gott sie erfinden konnte.* Nun bekäme zwar der Schluß Folge; aber nun wird er auch der gräßlichste Unsinn. Er wird so beweisbar, als jener Beweis der Türken von der Göttlichkeit des Korans: »wer anders, als der Prophet Gottes konnte so schreiben?« Und wer anders als ein Prophet Gottes kann auch wissen, daß nur der Prophet Gottes so schreiben konnte? Niemand als Gott konnte die Sprache erfinden! Niemand als Gott kann aber auch einsehen, daß niemand als Gott sie erfinden konnte! Und welche Hand kann es wagen, nicht bloß etwa Sprache und die menschliche Seele, sondern Sprache und Gottheit auszumessen?

Ein höherer Ursprung hat *nichts für sich,* selbst nicht das Zeugnis der morgenländischen Schrift, auf die er sich beruft: denn diese gibt offenbar der Sprache einen menschlichen Anfang durch Namennennung der Tiere. Die menschliche Erfindung hat *alles für* und *durchaus nichts gegen sich:* Wesen der menschlichen Seele und Element der Sprache;

Analogie des menschlichen Geschlechts und Analogie der Fortgänge der Sprache – das große Beispiel aller Völker, Zeiten und Teile der Welt!

Der höhere Ursprung ist, so fromm er scheine, *durchaus ungöttlich:* Bei jedem Schritte verkleinert er Gott durch die niedrigsten, unvollkommensten Anthropomorphien. Der menschliche zeigt *Gott im größesten Lichte:* sein Werk, eine menschliche Seele, durch sich selbst eine Sprache schaffend und fortschaffend, weil sie sein Werk, eine menschliche Seele ist. Sie bauet sich diesen Sinn der Vernunft als eine Schöpferin, als ein Bild seines Wesens. Der Ursprung der Sprache wird also nur auf eine würdige Art göttlich, sofern er menschlich ist.

Der höhere Ursprung ist *zu nichts nütze,* und äußerst schädlich. Er zerstört alle Würksamkeit der menschlichen Seele, erklärt nichts und macht alles, alle Psychologie und alle Wissenschaften unerklärlich – denn mit der Sprache haben ja die Menschen alle Samen von Kenntnissen von Gott empfangen? Nichts ist also aus der menschlichen Seele? Der Anfang jeder Kunst, Wissenschaft und Kenntnis also ist immer unbegreiflich? Der menschliche *läßt keinen Schritt tun ohne Aussichten* und die fruchtbarsten Erklärungen in allen Teilen der Philosophie und in allen Gattungen und Vorträgen der Sprache. Der Verfasser hat einige hier geliefert und kann davon eine Menge liefern. - - - -

Wie würde er sich freuen, wenn er mit dieser Abhandlung eine Hypothese verdränge, die, von allen Seiten betrachtet, dem menschlichen Geist nur zum Nebel und zur Unehre ist, und es zu lange dazu gewesen! Er hat eben deswegen das Gebot der Akademie übertreten und keine Hypothese geliefert: denn was wär's, wenn *eine* Hypothese die andre auf- oder gleichwöge? und wie pflegt man, was die Form einer Hypothese hat, zu betrachten als wie philosophischen Roman – Rousseaus, Condillacs und andrer? Er befliß sich lieber, *feste Data aus der menschlichen Seele, der menschlichen Organisation, dem Bau aller alten und wilden Sprachen* und *der ganzen Haushaltung des menschlichen Geschlechts* zu sammeln und seinen Satz so zu beweisen, wie die festeste philosophische Wahrheit bewiesen werden kann. Er glaubt also mit seinem Ungehorsam den Willen der Akademie eher erreicht zu haben, als er sich sonst erreichen ließ - - -

Biographie

1744 *25. August:* Johann Gottfried Herder wird in Mohrungen (Ostpreußen) als drittes Kind des Kantors und Volksschullehrers Gottfried Herder und seiner zweiten Frau Anna Elisabeth, geb. Pelt, geboren. Er wächst in ärmlichen Verhältnissen auf und besucht die Lateinschule in Mohrungen.

1760 Herder wird Kopist bei dem Diakon der Mohrungener Stadtkirche, Sebastian Friedrich Trescho, für den er religiöse Erbauungsschriften abschreibt. In der Pfarrbibliothek, die einen großen Bestand antiker und zeitgenössischer Literatur hat, betreibt er autodidaktische Studien.

1762 Das erste Gedicht Herders, »Gesang an Cyrus«, erscheint.
Immatrikulation an der Universität Königsberg zum Theologiestudium. Herder hört die Vorlesungen Immanuel Kants und wird sein Schüler.
Seinen Lebensunterhalt verdient er als Nachhilfelehrer. Nebenbei schreibt er literaturtheoretische Texte, Rezensionen und Gedichte.
Freundschaft mit Johann Georg Hamann und seinem künftigen Verleger Johann Friedrich Hartknoch.

1764 *November:* Auf Empfehlung Hamanns wird Herder Kollaborator (Aushilfslehrer) an der Domschule in Riga, wo er u.a. Naturkunde, Geschichte und Deutsch unterrichtet.

1765 *Februar:* Herder legt das theologische Examen ab.
Er wird Prediger an der Domkirche und erhält eine feste Anstellung als Lehrer.
In den »Rigaischen Anzeigen« und der »Königsbergischen Zeitung« beginnen Beiträge Herders zu erscheinen.

1766 In seiner ersten literaturkritischen Schrift »Über die neuere deutsche Literatur. Fragmente« (3 Bände, vordatiert auf 1767) wendet sich Herder gegen die Nachahmung fremder Literatur. Nicht durch das Kopieren, sondern durch die selbstbewußte Besinnung auf die eigene Muttersprache könne die deutsche Literatur den Rang klassischer römischer und griechischer Dichtung erreichen.

1768 »Über Thomas Abbts Schriften«.

1769 Die Sammlung kunst- und literaturkritischer Betrachtungen »Kritische Wälder oder Betrachtungen, die Wissenschft und Kunst des Schönen betreffend« erscheint (3 Bände).
Mai: Herder tritt eine Reise nach Frankreich an, die ihn zunächst per Schiff nach Nantes führt, anschließend nach Paris. In Paris Bekanntschaft mit Denis Diderot.
Auf der Reise entsteht das »Journal meiner Reise im Jahre 1769« (Erstdruck aus dem Nachlaß 1846). Es enthält keine Reisebeschreibungen, sondern gibt vielmehr Auskunft über Herders Pläne und Ideen und enthält Entwürfe zu vielen seiner späteren Arbeiten.
Dezember: Antritt der Rückreise über Belgien und Amsterdam nach Hamburg.

1770 In Hamburg Bekanntschaft mit Gotthold Ephraim Lessing und Matthias Claudius.
Herder reist nach Eutin, von wo aus er den Erbprinzen von Eutin auf seiner Bildungsreise durch Europa als Erzieher und Kabinettsprediger begleitet.
Juli: In Darmstadt lernt er Johann Heinrich Merck und Karoline Flachsland kennen.
August: Verlobung mit Karoline Flachsland.
September: In Straßburg trennt Herder sich von der Reisegesellschaft, um ein Augenleiden medizinisch behandeln zu lassen, allerdings mißlingt die Operation.
Bekanntschaft mit Goethe, den er nachhaltig beeinflußt.

1771 *April:* Herder tritt die Stelle eines Hofpredigers und Konsistorialrats in Bückeburg, der Residenz des Grafen von Schaumburg-Lippe, an.
Mit seiner in Straßburg verfaßten »Abhandlung über den Ursprung der Sprache« (gedruckt 1772) gewinnt Herder die Preisaufgabe der Berliner Akademie der Wissenschaften. In dieser Schrift erklärt er die Sprachentwicklung und die Entstehung der Nationalsprachen auf dem Hintergrund der natürlichen geographischen, klimatischen und sozialen Bedingungen eines Volks.
Beginn der Mitarbeit an Friedrich Nicolais »Allgemeiner

Deutscher Bibliothek«.

1772 Herder reist nach Göttingen, wo er den Altphilologen Christian Gottlob Heyne besucht.
Sommer: Kuraufenthalt in Pyrmont.

1773 *2. Mai:* Heirat mit Karoline Flachsland
Herder gibt die Aufsatzsammlung »Von deutscher Art und Kunst, einige fliegende Blätter« heraus. Neben Goethes Schrift »Von deutscher Baukunst« enthält der Band u.a. Herders Abhandlungen »Auszug aus einem Briefwechsel über Ossian und die Lieder alter Völker« und »Shakespeare«. Beide Aufsätze Herders sind gekennzeichnet von seiner Bewunderung für den bodenständigen Impetus von Nationalliteraturen, den Herder zum einen im Volkslied und zum anderen exemplarisch in den Dramen Shakespeares hervorhebt.

1774 *Sommer:* Kuraufenthalt in Pyrmont.
»Auch eine Philosophie der Geschichte zur Bildung der Menschheit«.
In seinem Werk »Älteste Urkunde des Menschengeschlechts« deutet Herder die Schöpfungsgeschichte als literarischen Mythos (2 Bände, 1774-76).
»Wie die Alten den Tod gebildet?« (Abhandlung).

1775 Herder wird Superintendent in Bückeburg.
Reise nach Darmstadt und Pyrmont, wo er Johann Wilhelm Ludwig Gleim kennenlernt.
»Ursachen des gesunkenen Geschmacks bei den verschiedenen Völkern, da er geblühet«.

1776 *Sommer:* Kuraufenthalt in Pyrmont.
Auf Vermittlung von Christoph Martin Wieland und Goethe wird Herder in Weimar zum Generalsuperintendenten, Oberkonsistorialrat und Hofprediger ernannt.
Oktober: Ankunft in Weimar und Antrittspredigt in der Stadtkirche.

1777 *Sommer:* Kuraufenthalt in Pyrmont.
Erste Auseinandersetzungen mit Goethe.

1778 »Lieder der Liebe. Die ältesten und schönsten aus dem Morgenlande. Nebst 44 alten Minneliedern«.
Herders Sammlung von »Volksliedern« (2 Bände, 1778-79;

Neuausgabe unter dem Titel »Stimmen der Völker in Liedern«,1807), mit der er auf den Wert charakteristischer Nationalpoesie aufmerksam machen möchte, erscheint.

»Plastik. Einige Wahrnehmungen über Form und Gestalt aus Pygmalions bildendem Traume«.

»Vom Erkennen und Empfinden der menschlichen Seele«.

»Neueingerichtetes Sachsen-Weimar-Eisenach- und Jenaisches Gesangbuch«.

1779 Herder verfaßt die Preisschrift »Über den Einfluß der schönen Literatur in den höheren Wissenschaften«.

Meinungsverschiedenheiten mit Goethe, von dem Herder seine kirchliche und inzwischen auch schulpolitische Arbeit nicht angemessen gewürdigt sieht.

1780 Freundschaft mit Johann Georg Müller.

»Briefe, das Studium der Theologie betreffend« (4 Bände, 1780–81).

Erneut wird eine Abhandlung Herders von der Berliner Akademie der Wissenschaften preisgekrönt: »Vom Einfluß der Regierungen auf die Wissenschaften und der Wissenschaften auf die Regierung«.

1782 Herders Abhandlung »Vom Geist der Ebräischen Poesie« (2 Bände, 1782–83) erscheint. Darin untersucht er die Bibel, die er als nationale hebräische Dichtung auffaßt, unter literaturhistorischen Gesichtspunkten.

1783 Beginn der engen Freundschaft mit Sophie von Schardt.

Herder reist nach Halberstadt, wo er den Dichter Johann Wilhelm Ludwig Gleim trifft, und besucht Friedrich Gottlieb Klopstock in Hamburg. Begegnung mit Matthias Claudius in Wandsbek.

1784 Herders »Ideen zur Philosophie der Geschichte der Menschheit«, in denen er seine Vorstellung von einem Prozeß der stufenweisen Höherentwicklung der Menschheit darlegt, beginnen zu erscheinen. (4 Bände, 1784–91).

Matthias Claudius besucht Herder in Weimar.

Bekanntschaft mit Friedrich Heinrich Jacobi, der sich in Weimar aufhält.

1785 Herder hat maßgeblichen Anteil an der Schulreform in Weimar.

	Bekanntschaft mit Georg Forster.

Bekanntschaft mit Georg Forster.
Aufenthalt in Karlsbad.
»Zerstreute Blätter« (6 Bände, 1785–97).

1786 Reise nach Karlsbad.

1787 Die Berliner Akademie der Wissenschaften ernennt Herder zum Ehrenmitglied.
»Gott, einige Gespräche«.

1788 *August:* Zusammen mit dem Trierer Domherrn Friedrich von Dalberg bricht Herder zu einer längeren Italienreise auf, die ihn über Verona und Rom bis nach Neapel führt, zum Teil in Gesellschaft der Herzoginmutter Anna Amalia von Sachsen-Weimar (bis Juli 1789).
In Rom lernt er die Malerin Angelika Kauffmann kennen.

1789 Herder wird zum Vizepräsidenten des Oberkonsistoriums für das Herzogtum Sachsen-Weimar-Eisenach ernannt.
Der Beginn der Französischen Revolution wird von Herder begrüßt, der mit den Ideen des Republikanismus sympathisiert.

1791 Reise nach Karlsbad.

1792 Kuraufenthalt in Aachen.

1793 »Briefe zur Beförderung der Humanität« (10 Bände, 1793–97).

1794 »Christliche Schriften« (5 Bände, 1794–98).
Herder besucht Gleim in Halberstadt.

1795 »Terpsichore« (3 Bände, 1795–96).
Herder verfaßt Beiträge für die von Schiller herausgegebene Zeitschrift »Die Horen«.

1796 Weitere Beiträge in den »Horen« und im »Musenalmanach« Schillers.
Beginn der Freundschaft mit Jean Paul.

1798 Herder trifft Jean Paul in Jena.
Oktober: Jean Paul zieht nach Weimar um, wo er engen Kontakt zu Herder pflegt.

1799 Mit seiner Schrift »Verstand und Erfahrung. Eine Metakritik zur Kritik der reinen Vernunft. - Vernunft und Sprache. Eine Metakritik zur Kritik der reinen Vernunft« (2 Bände) kritisiert Herder die Transzendentalphilosphie Immanuel Kants.

1800 Eine weitere Abhandlung gegen Kants Ideen, die Schrift »Kalligone. Vom Angenehmen und vom Schönen« (3 Bände), mit

	der Herder gegen die Ästhetik Kants polemisiert, erscheint.
1801	Herder wird zum Präsidenten des Oberkonsistoriums ernannt. Herders Zeitschrift »Adrastea« beginnt zu erscheinen (6 Bände, 1801–03).
	8. Oktober: Der bayerische Kurfürst Maximilian IV. Joseph erhebt Herder in den Adelsstand.
1802	»Der Cid«, Herders Übertragung und Bearbeitung von Romanzen über den spanischen Nationalhelden Cid, mit der er sich der epischen heroischen Volksdichtung widmet, erscheint in »Adrastea«.
1803	Krankheit und Kuraufenthalte in Eger und Franzensbad.
	August: Reise nach Dresden.
	18. Dezember: Tod Herders in Weimar.